ESSAI

SUR LA VIE, LES ÉCRITS

ET LES LOIS

DE MICHEL DE L'HÔPITAL,

CHANCELIER DE FRANCE.

ESSAI

SUR

LA VIE, LES ÉCRITS ET LES LOIS

DE

MICHEL DE L'HÔPITAL,

CHANCELIER DE FRANCE.

PAR M. BERNARDI.

> C'étoit un autre censeur Caton, qui savoit très-bien censurer et corriger le monde corrompu.
>
> BRANTÔME.

A PARIS,

CHEZ
- NHROUET, imprimeur, rue des Moineaux, n°. 16;
- DÉTERVILLE, libraire, rue Hautefeuille, n°. 8;
- LENORMANT, rue des Prêtres-Saint-Germain-l'Auxerrois, n°. 17;
- PETIT, libraire, Palais du Tribunat, galerie de bois, côté du jardin, n°. 257.

1807.

AVERTISSEMENT.

L'ESSAI que nous donnons au Public, avoit déjà paru par morceaux détachés dans les *Archives littéraires*. Quoiqu'on ne soit point en usage de publier à part ce qui a été inséré dans ce journal, l'on a cru devoir une exception à la mémoire d'un des plus grands hommes que la France ait produits. Les épîtres de l'Hôpital, dont la traduction forme presque en entier cet ouvrage, étoient tellement tombées dans l'oubli, que ça été une espèce de découverte que d'en avoir rappelé le souvenir. Elles étoient cependant dignes d'un meilleur sort. Il est peu de livres où la vertu se montre comme dans celui-là, avec cette noble simplicité qui forme son plus beau caractère. Rien n'y est fardé ou affecté; c'est un langage qui part du cœur. L'on peut appliquer à l'Hôpital ce que dit Sénèque d'un philosophe romain. « J'ai eu hier, écrit-il à Lucilius, » quelques amis à dîner. La conversation » a été très-variée, comme c'est l'ordinaire » pendant les repas, où l'on n'approfon- » dit rien et où l'on passe légèrement d'un » sujet à un autre. On a lu ensuite le livre » de Quintus-Sextius le père, grand homme » s'il en fut jamais, et stoïcien quoiqu'on » en dise. Quelle vigueur, quelle ame, » grand Dieu, dans cet écrit! Vous ne » trouvez rien de semblable dans la plu- » part des philosophes. Les ouvrages de » quelques-uns portent des titres impo- » sans; le reste est sec et froid. Ils pro- » noncent, ils discutent, ils plaisantent; » mais ils ne vous donnent pas de l'âme,

» parce qu'ils n'en ont point. Quand vous » lirez Sextius, vous direz : il est plein » de vie et de sentiment ; il est vraiment » libre, il est plus qu'un homme. Quant » à moi, il me remplit de force et d'assu- » rance. Dans quelque disposition d'esprit » que je sois quand je le lis, il n'y a, je » vous l'avoue, aucun accident qui m'ef- » fraie. Je suis sur le point de m'écrier : » pourquoi, fortune, me laisses-tu en re- » pos? Allons, commence la lutte, je suis » prêt (1) ».

C'est en effet un des principaux mérites de l'Hôpital, de faire passer dans l'âme de ses lecteurs les sentimens dont la sienne

---

(1) *Epistol.* 64. Ce Sextius étoit un philosophe romain, contemporain de Jules-César. Il avoit fait une école, qui ne fut pas de longue durée. Sénèque, qui en faisoit grand cas, en parle en plusieurs endroits. *De irâ*, *III*, 36. *Natural. quæst.* *VII*, 32. *Epistol.* 59.

est pénétrée. Il n'y a personne, quelque insensible qu'il soit d'ailleurs, qui ne sente son cœur s'émouvoir et s'élever, en lisant sa correspondance avec le chancelier Olivier. Ces deux illustres personnages y déploient une sublimité de sentimens, dont le modèle ne se trouve nulle part.

L'on a ajouté ici la traduction de plusieurs épîtres, que le cadre où l'on s'étoit d'abord trouvé resserré, n'avoit pas permis de publier. Il y en a au moins un tiers de plus, et les nouvelles ne sont pas moins intéressantes que les premières.

On a rejeté à la fin de l'ouvrage les notes qui étoient trop longues. Elles concernent certains usages du siècle de l'Hôpital, qu'il falloit faire connoître pour donner une intelligence plus parfaite du texte de ses épîtres. D'autres contiennent une notice de quelques-uns des principaux personnages avec lesquels il fut en relation, et que l'histoire ne fait pas assez connoître. Celle sur le chancelier Olivier avoit déjà été insérée dans les *Archives*. Nous avons tâché de bien caractériser le mérite de Cujas, que l'Hôpital donna en quelque sorte à la France, en le protégeant contre les intrigues de l'ignorance et de l'envie. Nous avions déjà rendu un hommage public à ce célèbre jurisconsulte, en entrant dans la carrière de la jurisprudence, à un âge où les illusions, si naturelles à la jeunesse, et l'ignorance de l'avenir, nous exagéroient les avantages qu'on pouvoit tirer d'un savoir puisé dans des sources profondes (1). Nous avons

---

(1) Voyez la notice de cet éloge, dans le Journal polit. et littér. de Linguet, 15 avril 1775, pag. 425.

éprouvé une sorte de satisfaction, lorsqu'éclairé par le temps et l'expérience, nous avons retrouvé sur notre chemin cet habile maître, à l'occasion de l'Hôpital.

ESSAI
SUR LA VIE, LES ECRITS ET LES LOIS DE MICHEL DE L'HOPITAL, CHANCELIER DE FRANCE.

CHAPITRE PREMIER.

Dessein de cet ouvrage. Eloges et vie de l'Hôpital. Ses poésies. Jugement qu'il en porte lui-même. Epîtres à Salmon Macrin et à Jean Morel.

Les grandes révolutions qui s'opérèrent en Europe dans la religion, dans la politique et même dans les lettres, pendant la durée du seizième siècle, le rendent un des plus mémorables de l'histoire moderne. Il s'ouvrit sous les plus heureux auspices. L'esprit humain, aidé des découvertes faites dans le siècle précédent, surtout de celle de l'imprimerie, triomphoit enfin des obstacles qui avoient comprimé si longtemps son essor ; les études se perfectionnoient, et le goût des sciences et des arts se propageoit avec rapidité. Mais tout à coup des querelles religieuses détournèrent cette activité vers les discussions théologiques (1) ; on voulut briser de force des barrières que le temps auroit ouvertes avec moins de fracas. Les dissensions religieuses amenèrent des dissensions civiles; toute l'Europe fut dans l'agitation ou le trouble.

---

(1) « L'on prendra sans doute ce que je vais dire pour » un paradoxe. Le protestantisme a beaucoup nui à la » belle littérature. J'ai pour mon garant Erasme, qui » avoit une connoissance exacte de la librairie de son » temps. Ce critique, dans une lettre qu'il écrivit de » Fribourg, en 1530, à ceux de la Basse-Allemagne, » qui prenoient le nom d'*évangéliques*, assure que, » depuis la naissance des nouvelles sectes, l'étude des » lettres étoit bien refroidie. Il prend pour témoin de » ce qu'il avance Mélancthon, à qui l'Académie de » *Wirtemberg* étoit redevable de tout ce qui y res- » toit de belle littérature. Les imprimeurs, ajoute » Erasme, disent qu'avant ce nouvel évangile, ils » avoient plutôt débité trois mille volumes, qu'ils n'en » débitent présentement six cents ». *Lettres choisies de Richard Simon*, *t. III*, *p.* 155.

Telle étoit cependant l'impulsion donnée à l'esprit humain, qu'elle fut plutôt ralentie qu'étouffée par les malheurs du temps. Dans le courant du seizième siècle et au milieu des plus terribles orages, plusieurs parties de la littérature sont cultivées; les grands principes de la politique et du gouvernement des états sont discutés et approfondis; la jurisprudence, cette science fondamentale de l'ordre social, si déchue aujourd'hui, s'étend et se développe; on jette les fondemens de toutes les branches de l'administration publique; des lois d'uue sagesse profonde et que des siecles plus heureux et qui se croyoient plus éclairés, n'ònt pas dédaigné d'adopter, sont promulguées; enfin, ce qui vaut peut-être mieux encore, les âmes loin de se flétrir ou de se dégrader dans les désordres publics, semblent presque toujours inspirées par des sentimens nobles et élevés et souvent par le plus pur patriotisme. En général l'on peut dire que le seizième siècle prépara la gloire de celui qui le suivit.

Cependant, si nous en croyons le président Hénault, c'est cette quantité d'hommes extraordinaires, que la France posséda dans le seizième siècle, qu'il faut regarder comme la principale cause des maux qui la désolèrent (1). A l'entendre, il n'y a que les hommes d'un mérite supérieur, dont le cœur soit accessible à l'ambition et au désir d'innover. Mais l'expérience nous a appris que ce sont-là des passions très-vulgaires et très-dangereuses, sous les gouvernemens foibles qui ne savent pas les contenir. On n'a pas besoin d'habiles architectes, quand il ne s'agit que de démolir. C'est la réédification qui est difficile.

Le président Hénault avoit-il donc oublié les troubles qui eurent lieu en France dans le quatorzième et le quinzième siècles, et quels en furent les auteurs ? Un Charles-le-Mauvais, roi de Navarre ; un Etienne Marcel, prévôt de Paris, et quelques autres de ce genre, dont à peine on a retenu les noms, n'étoient remarquables que par beaucoup d'audace et de méchanceté. Ce n'est pas une espèce rare.

Ce sont en général les brouillons qui mettent les révolutions en train, et les têtes fortes qui les terminent. Solon avoit fait très-sagement, en ordonnant que dans les discordes civiles, chacun eût à se déclarer pour un parti. La présence des gens de bien sert de frein aux

---

(1) Abrég. chronolog., Ann. 1559.

efforts des méchans ; la raison reprend à la longue son empire : c'est ce qui arriva dans le seizième siècle. Les vrais amis de la patrie répandus dans tous les partis, sauvèrent la constitution de l'Etat des assauts qu'on lui livra. Ils arrachèrent la monarchie aux griffes de la république, qui menaçoit déjà de la dévorer, et aux factions de l'étranger qui vouloient l'asservir.

Michel de l'Hôpital commence la série de ces illustres citoyens. Il est parmi eux, comme Virgile représente Caton dans les Champs-Elysées, dominant au milieu des gens de bien et leur donnant des lois (1).

La vénération que son nom inspire encore prouve que les grandes qualités de l'âme mènent quelquefois plus sûrement à l'immortalité, que les dons même les plus brillans de l'esprit. L'Hôpital eut de son temps des rivaux et même des supérieurs en talens littéraires ; mais la plupart sont oubliés aujourd'hui, tandis que l'impression que ses vertus firent sur son siècle, loin de s'affoiblir, n'a fait au contraire que s'accroître. Tous ses contemporains, dont la

---

(1) *Secretosque pios, his dantem jura Catonem.*
Œneid, VIII, 670.

justice et l'impartialité dirigeoient le jugement, tels que Montaigne, Brantôme, etc., le mirent à côté des sages les plus renommés de l'antiquité. « C'étoit, dit Nicolas Pasquier, au dire de » feu notre père (Etienne Pasquier, l'auteur » des *Recherches de la France*), un homme » d'une constance impassible, d'une fermeté » inflexible, que Dieu avoit mises en lui pour » une médecine du temps malade et affligé, » auquel il étoit venu; que de lui naissoient » sages conseils, où tout honneur et bien abon- » doit pour l'Etat; qu'étant venu en un temps, » où l'innocence ancienne étoit ja de longue » main, sortie hors d'usage, et se montrant après » un si long intervalle parmi les vies corrom- » pues et gâtées, cela avoit apporté grand lustre » à sa gloire et renommée; et passant outre, » disoit qu'on ne pouvoit nier que cette tem- » pérance et netteté de mains, par laquelle il » avoit rendu sa place imprenable par argent, » et cette droiture, qui avoit empreint en lui » un vif amour des choses bonnes et hon- » nêtes, et une horreur des laides et mauvaises, » par lesquelles mêmes il s'étoit fortifié contre » la haine et la faveur, ne fussent suffisantes » de le faire tenir au rang des plus justes et » vertueux, qui aient jamais été, ayant entre

» tant de méchans que notre siècle avoit pro-
» duits tout en un coup, bien osé être juste.
» Il ne se pouvoit étancher de bien dire de ce
» grand et saint personnage, au patron et mo-
» dèle duquel il désiroit que tous les chance-
» liers et gardes des sceaux moulassent leur
» vie (1) ».

C'est cet homme célèbre, dont la vie fut mêlée aux plus grands événemens politiques et qui fut l'auteur d'importantes améliorations dans l'administration intérieure, qui va faire l'objet de nos recherches.

Ceux qui n'ont pas oublié que son éloge fut le sujet du concours de l'Académie française, en 1777, et qui se souviennent du grand nombre de discours qu'il fit éclore, croiront peut-être que nous prenons une peine inutile.

Mais à en juger par les résultats, on ne cherchoit qu'à accréditer des principes qu'on vouloit faire prévaloir, en les attribuant à un homme d'un nom révéré. La distance où l'on étoit déjà du siècle de l'Hôpital, les calomnies dont les factieux de son temps avoient cherché à le noircir, l'obscurité des ouvrages où l'on

(1) Œuvr. de Pasquier, t. II, colonn. 1268.

pouvoit puiser ses vrais sentimens, tout cela facilitoit cette manœuvre à son égard. Aussi dans tous les discours qui attirèrent quelque attention, son caractère est entièrement dénaturé; on le peignit non tel qu'il fut, mais tel qu'on désiroit qu'il eût été. Le discours qui remporta le prix est un des plus mauvais qui ait jamais été présenté à aucun concours académique. Voltaire, quelque prédilection qu'il eût pour les maximes de l'auteur, rougissoit du jugement qui l'avoit couronné (1).

On voit, au reste, par les mémoires du temps, que ce jugement fut regardé comme sans conséquence, et que l'intention de l'Académie auroit été de donner le prix à un dis-

---

(1) *Correspond. avec d'Alembert*, *lettre du* 22 *septembre* 1777. Une des phrases de l'exorde, qui n'est qu'un tissu de puérilités, est ainsi conçue : « Quel » triomphe pour la raison de voir en ce jour le Gou- » vernement et l'Académie réunis, pour élever un » double trophée au premier de nos hommes d'état; » à ce ministre qui fut le soutien de la gloire des trois » règnes, et qui, disgracié de la cour, *mourut dans* » *une retraite obscure*, *attendant sous la tombe d'un* » *temple champêtre* l'hommage tardif de la postérité ». Ce qui signifie à la lettre que l'Hôpital fut mis *dans sa tombe* avant d'être mort.

cours qui ne fût point mis au concours, parce qu'on n'avoit pas rempli certaines formalités relatives à la censure, et qui étoient alors indispensables. L'Académie en témoigna ses regrets par une mention particulière, accompagnée des louanges les plus outrées. Elle exhortoit l'auteur à le faire imprimer. Nous avions d'abord cru que cela concernoit un éloge composé par Guibert; mais la correspondance de la Harpe nous a détrompés. La mention de l'Académie étoit pour un discours de Condorcet, qui n'étoit pas moins que de trois heures de lecture, et qui étoit une des compositions les plus bizarres, qu'on ait jamais vues en ce genre. « C'est tour à tour, dit » la Harpe, une narration ou une discussion; » quelquefois il perd son sujet de vue à force » de détails et de longueurs; son style manque » de nombre et ses phrases s'embarrassent sou- » vent en se redoublant les unes sur les autres ». Et ailleurs; « cet éloge est sec, ennuyeux à » une page ou deux près, et en total si mau- » vais, qu'on lui préférât celui de l'abbé Remi, » qui étoit lui-même assez médiocre (1) ».

---

(1) Corresp. de Laharpe, t. II, p. 142, t. III, p. 303.

Guibert n'avoit pas attendu pour produire le sien, d'y être invité par l'Académie, qui fut même choquée du ton d'humeur et d'amertume qu'on y entrevoit contre les gens de lettres. Il le fit imprimer furtivement et anonyme, mais il s'y mit à découvert, comme s'il eût écrit son nom à la tête de l'ouvrage. Il vaut mieux que le discours couronné et que la dissertation de Condorcet, quoique, suivant la Harpe, il soit mal composé et mal écrit (1).

Mais les idées du temps ne permirent pas à la Harpe d'en appercevoir le vice essentiel, et ce qu'il y avoit de plus répréhensible. L'auteur y avoit mis cette épigraphe : *Ce n'est point aux esclaves à louer les grands hommes.* Elle a ce caractère particulier de porter avec elle-même la preuve de sa fausseté ; car si la France n'avoit été peuplée que d'esclaves, comme l'auteur le faisoit entendre, il ne l'auroit pas sans doute publié impunément, d'une manière si solennelle.

Le ton de l'épigraphe annonce celui de l'ouvrage. La doctrine que les jeunes magistrats

(1) Corresp. de Laharpe, t. II, p. 155.

firent adopter onze ans après dans le parlement, et qui amena la destruction de la monarchie, y est exposée dans tous ses détails. C'est certainement aujourd'hui un morceau curieux. L'auteur va jusqu'à dire que les *états-généraux étoient le véritable conseil de la nation*, le palladium *de ses droits*, la *ressource* QUI POUVOIT UN JOUR TOUT RÉPARER EN TOUT BOULEVERSANT. A-t-on jamais prédit d'une manière plus positive (1)? Tout cela et le reste est débité à propos de l'Hôpital, de manière qu'il ne tient pas à l'orateur qu'il ne nous persuade qu'un des hommes les plus pieux qui ait jamais existé, ne regardoit la religion que comme un instrument que la politique pouvoit faire plier à

---

(1) Dans le *Moniteur* du 20 juin 1806, n°. 171, on dit que Guibert ayant été se plaindre au comte de Maurepas des bruits qui couroient au sujet de l'éloge de l'Hôpital, ce ministre lui répondit en riant : « Tant » mieux pour vous et pour votre tranquillité, si vous » ne l'avez point fait, et tant pis pour votre gloire si » vous n'en êtes point l'auteur ». Quelle idée peut-on se faire d'un premier ministre capable de penser qu'il y avoit beaucoup de *gloire* à soutenir dans un discours d'ailleurs très-médiocre, que la France *n'étoit peuplée que d'esclaves*, *et qu'il falloit la bouleverser pour tout réparer ?*

son gré, et que celui aux yeux de qui l'autorité royale étoit le plus sûr garant de la sécurité publique, n'étoit que le partisan insensé de la licence et de l'anarchie.

Le meilleur éloge de l'Hôpital, celui où l'on peut se faire une idée de son grand caractère, est encore sa vie, publiée par Pouilly en 1764. Elle est surtout écrite avec ce ton de noblesse et de dignité qui convient à un pareil sujet; mais elle est un peu trop abrégée, ou, si l'on veut, l'homme public y cache trop l'homme privé. Dans l'Hôpital, le dernier est le plus curieux à connoître : on n'en auroit autrement qu'une idée imparfaite; car, chez lui, les vertus privées produisirent les vertus publiques.

Ce n'est que dans ses écrits, que les panégyristes de 1777 se gardèrent bien de consulter, qu'on le trouve tel qu'il étoit; mais ses écrits sont en petit nombre. Nous n'avons de lui que son testament, quelques discours prononcés dans des occasions d'éclat, et un recueil assez considérable de poésies latines.

Il a fait un précis de sa vie dans son testament. Il y rend compte des principes qui l'avoient dirigé dans les circonstances pénibles où il s'étoit trouvé : c'est sous ce rapport, un monument historique très-précieux.

Ses discours sont plus connus : on les retrouve en entier ou par fragmens dans tous les mémoires ou les histoires du temps. Quant à ses poésies, elles sont composées presque uniquement des épîtres qu'il avoit adressées à ses protecteurs ou à ses amis. Telle étoit la falicité de l'Hôpital à faire des vers, qu'il n'employoit pas d'autre langage dans sa correspondance familière, ou quand il vouloit discuter quelque question de morale ou de politique. C'est-là qu'il se peint au naturel et qu'il dévoile son âme toute entière.

L'on a prétendu que le manuscrit de ces poésies fut miraculeusement recouvré par Pierre Pithou chez un passementier, qui s'en servoit à envelopper ses passemens (1). Le président de Thou dit cependant dans ses mémoires, que Pybrac étoit le dépositaire des poésies de l'Hôpital. Il les publia avec le secours de de Thou et de Scévole de Sainte-Marthe. Cette première édition qui est de 1585 fut dédiée à Henri III, par Michel Hurault de l'Hôpital, petit-fils du chancelier. Il dit dans son épître dédicatoire, que ce sage vieillard reconnoissant qu'il s'étoit exprimé dans des poésies assez librement sur certaines

(1) Colomiés, Biblioth. chois., p. 71.

choses, lui avoit recommandé de ne les publier que sous un bon prince, et dans un temps de liberté. Il croyoit avoir trouvé tout cela sous Henri III, et il avoit peut-être raison jusqu'à un certain point. Henri avoit le caractère bon. Ses malheurs et ceux de ses sujets ne vinrent que de sa foiblesse. Quant à la liberté, ou pour mieux dire, la licence d'écrire, elle n'a jamais peut-être été plus grande que sous ce règne. On voit encore dans cette dédicace qu'Henri III ne parloit jamais qu'avec vénération de l'Hôpital. Il sentoit sans doute combien un tel ministre lui eût été utile, dans les circonstances où il se trouvoit.

De Thou reconnoît que la première édition des poésies de l'Hôpital étoit incomplète. Il espéroit d'en donner une plus étendue, et où les épîtres seroient rangées par ordre de date. Mais le temps ne lui permit pas d'exécuter ce projet. On fit plusieurs éditions de ces poésies d'après celle de 1585, même dans les pays étrangers.

Le manuscrit de Pybrac passa on ne sait comment au pouvoir du célèbre Jean de Wit, grand-pensionnaire de Hollande; et un de ses petit-fils le communiqua à Pierre Ulaming, qui donna en 1732, à Amsterdam, une édition des poésies de l'Hôpital plus complète et plus correcte que toutes celles qui l'avoient précédée, mais qui n'est pas rangée dans un meilleur ordre. Il y a plusieurs pièces nouvelles dont quelques-unes ne sont que des fragmens.

On a beaucoup varié dans les jugemens qu'on a portés sur le talent poétique de l'Hôpital. Les uns l'ont extrêmement déprimé; d'autres, comme il arrive pour l'ordinaire, l'ont exalté outre mesure : quelques-uns ont été jusques à vouloir le placer à côté même d'Horace. Mais un poëte latin moderne, quelque parfait qu'il soit, soutiendroit-il jamais le parallèle avec un écrivain qui fut un des principaux ornemens du siècle d'Auguste ? Quant au fond des choses, ce rapprochement est encore plus déplacé. Que peut-il y avoir de commun entre un grave magistrat, un chrétien austère, et un homme de plaisir, qui, disciple d'Epicure, consentoit, à la vérité en riant, d'être regardé comme l'animal le plus immonde du troupeau de son maître (1)?

Pour bien apprécier le talent poétique de l'Hôpital, on n'a pas besoin de recourir à d'autre

---

(1) *Quum ridere voles Epicuri de grege porcum.*
Horat., epistol. I, 4.

juge que lui-même. Telle étoit sa candeur et sa franchise, qu'il indique les défauts de ses vers, comme auroit pu le faire le censeur le plus sévère. Dans une épître latine à Salmon Macrin son ami, et poëte latin très-distingué de ce temps, il repousse avec une modestie rare les éloges qu'il en avoit reçus. « Je crois bien, lui » dit-il, qu'ils sont sincères; la franchise dont » vous faites profession ne me permet pas d'en » douter. Votre approbation me flatte, et j'aime » à voir le public, entraîné par vous, partager » votre erreur. Mais moi, qui sait me rendre » justice, et qui, mieux que personne, connois » ce qui me manque, je dois être moins in» dulgent. J'ai reçu, j'en conviens, de la na» ture le germe d'un talent poétique, qui, cul» tivé avec soin, auroit pu produire des fruits » de quelque valeur; mais, destiné dès l'en» fance au barreau par mon père, je fus obligé » de pâlir sur des volumes dont les muses n'ap» prochèrent jamais, et, pour apprendre à dé» cider des procès qui n'étoient pas nés encore, » il fallut aller m'asseoir sur les bancs pou» dreux et bruyans de la chicane. Allez main» tenant, et, quelque talent que vous ayez, » faites des vers au milieu d'un pareil tumulte.

» Néanmoins la nature reprend quelquefois

» ses

» ses droits ; mais les distractions, la paresse, » m'empêchent de soigner mes vers. Mon style » est trivial, rampant; ce n'est plus que de la » prose faite pour exciter la risée même des » écoliers (1) ».

Il fait les mêmes aveux dans une autre épître adressée à Jean Morel, où il cherche à se disculper de faire des vers; car les ennemis de l'Hôpital, ne sachant que lui reprocher, prétendoient qu'en s'amusant à versifier, il dérogeoit à la gravité de son état, et déroboit son temps à des occupations plus utiles (2).

Voici cette épître : « Je n'ignore pas, Morel, » que la malignité censure mes vers et qu'elle » juge indigne d'un magistrat avancé en âge, » et qui a passé par les principales dignités de » l'Etat, d'employer son temps à une occupa- » tion si frivole.

» Il est aisé de répondre à un pareil reproche. » Quelqu'un a-t-il montré plus de zèle que moi » pour les intérêts du roi et de la patrie, ou s'est- » il acquitté avec plus d'exactitude, des diverses » fonctions qui lui ont été confiées ? Vous, et

---

(1) *Epistolar.*, *lib. III*, *p.* 163 *et seq. Edit.* 1732.

(2) Voyez sur Jean Morel, note I.

» tous ceux qui me connoissent, le savent » bien.

» Mais si, après avoir rempli les devoirs de » ma charge, il me reste quelques instans de » loisir, je les donne à l'étude qui a tant d'attraits » pour moi; je lis, j'écris, je médite ou je fais » des vers. Qu'y a-t-il en cela de répréhen- » sible? voudroit-on que je fusse me reposer dans » une oisiveté honteuse, et qui seroit pour » moi le plus cruel des tourmens, ou que, sur- » montant mon aversion pour toute espèce de » jeu ou de débauche, je fusse me donner en » spectacle en un lieu public, ou me délasser » dans les plaisirs de la table.

» Mais du moins occupez-vous, me dira-t-on, » de votre fortune. Calculez ce qu'une somme » d'argent placée au trois pour cent par mois, » vous rapportera au bout de l'année. Quoi, » vous oseriez me proposer une telle usure » à moi qui suis débiteur loin d'être créancier, » et qui n'ai pas même en valeur la somme » qu'il falloit posséder autrefois, pour être che- » valier romain.

» Voyez cependant des magistrats bien con- » nus qui, semblables à ceux qui, voulant bâ- » tir une maison, amassent d'avance les ma-

» tériaux nécessaires, n'emploient les jours de » fête qu'à dresser l'état de leur revenus, et » à compter ce que tels et tels procès pourront » leur rapporter, au hasard de prendre une » peine inutile, si les plaideurs s'arrangent » avant le jugement. — J'en connois plusieurs » de ce caractère. Que m'importe.

» Ceux-là sont coupables, me dit un homme » au front dur et sévère, mais vous l'êtes autant » et plus qu'eux. — Ne croiriez-vous pas à ce ton » entendre quelqu'un de la famille de Curius » ou de Fabricius? Examinez plus à fond, vous » trouverez que les actions ne répondent pas » à un si beau langage! Je demanderai cepen- » dant à ce juge si tranchant, si c'est la nature » ou les lois qui défendent de composer des » vers. Seroit-ce un plus grand mal d'exprimer » ses pensées en un langage mesuré que de » les écrire en prose? La nature le permet et » aucune loi ne le prohibe. Celle des douze » tables prononce bien des peines contre les » vers satiriques. Les miens n'ont jamais of- » fensé personne; il n'y a rien de licencieux: » on n'y trouve aucune équivoque grossière; » la lecture peut en être utile aux jeunes gens » et même aux vieillards, dont les intentions » sont pures comme les vôtres.

» Mais on prétend, Morel, que mes vers sont » mauvais; que je les fais avec trop de précipitation, et que je ne les soigne pas assez, » quoique d'ailleurs on y trouve de l'élégance » et de la facilité. C'est, je le veux, un tort de » ma part, de ne donner souvent que quelques » heures à des ouvrages qui exigeroient un travail long et assidu; car il n'est pas si aisé qu'on » le croit communément, de faire de bons » vers.

» A l'exemple de tant d'autres, l'amour-propre me cache quelquefois les défauts de » mes productions et me fait trouver bon ce » qui ne l'est pas. Cet aveu devroit suffire pour » me disculper auprès des personnes indulgentes. Mais les critiques sévères me diront, » qui te force, ami, de produire de méchans » écrits? l'on pourroit tout au plus te pardonner, si tu y étois condamné par arrêt.

» Ces reproches, Morel, vous regardent autant que moi, vous qui, contre mon avis, » produisez au grand jour des vers que je destinois à rester dans le portefeuille. Défendez » comme vous pourrez ces objets de vos affections. Ma tâche est remplie, quand j'ai » prouvé que je ne suis point répréhensible

» de faire même de mauvais vers, et de me procurer ce délassement de mes travaux comme » un voyageur fatigué va se reposer sous un » ombrage frais.

» O malheureux, dont les pieds n'ont jamais » foulé les sentiers du Parnasse, et qui ne se » sont jamais abreuvés aux eaux de Castalie. » S'ils pouvoient savoir quelle liqueur douce » et pure elles font couler dans les veines d'un » poëte, ils cesseroient de m'accuser de retomber dans l'enfance en faisant des vers sans » objet; ils ne préféreroient plus leurs occupations aux miennes (1) ».

L'Hôpital a raison, du moins quand il dit que ses poésies renferment des maximes salutaires pour tous les âges et pour toutes les conditions. Elles ne tendent point à enfanter une sagesse fastueuse et d'apparat : c'est tout bonnement la morale vulgaire, celle qui, de tous les temps, a formé les âmes nobles et élevées, et y a planté les semences de l'honneur et de la vertu. Cela étoit même d'autant plus louable de sa part, que les poëtes de son temps qui furent en très-grand nombre, donnèrent presque

---

(1) *Epistolar.*, *lib.* 3, *p.* 177 *et seq.*

tous dans une licence si extrême, que le président de Thou la regarde comme une des principales causes des malheurs de ce siècle.

Il ne faut donc pas prendre à la lettre le jugement rigoureux que l'Hôpital porte de ses poésies. Il est vrai que l'extrême facilité avec laquelle il les composoit, et le peu de soin qu'il mettoit à les corriger, sont cause qu'il est souvent diffus, traînant, qu'il revient sans cesse à la même idée, et qu'il ne voit pas toujours où il faudroit s'arrêter; mais aussi son style est toujours pur, élégant, quelquefois gracieux, noble et énergique, suivant les circonstances; son âme s'agrandit et s'élève avec le sujet.

Il parut en 1778 un essai de traduction des poésies de l'Hôpital; mais l'auteur, avec des intentions plus pures que celles des auteurs des éloges, ne se tira pas bien de son entreprise. Il tombe dans des contre-sens continuels; il manque d'ailleurs de goût, de noblesse et d'élégance, de manière que sa traduction, lors même qu'elle est exacte, ne fait que copier les défauts de l'original.

Quoique le traducteur ait fait son travail à deux reprises différentes, il n'a pas cependant tout traduit; il a même fait de grands retranchemens aux pièces qu'il a tenté de rendre en français. S'il avoit toujours bien choisi, il auroit donné en cela des preuves de jugement; car il y a, dans les épîtres de l'Hôpital, une infinité de choses qui ne peuvent plus être aujourd'hui d'aucun intérêt.

Il falloit se borner aux fragmens les plus propres à faire connoître la vie, le caractère, les principes de l'Hôpital, les personnages illustres avec lesquels il fut en relation, les mœurs et les usages de son siècle, enfin, la cause et l'origine des désordres dont il fut le témoin. Un pareil tableau bien exécuté, pouvoit être un monument littéraire très-piquant: ce seroit l'Hôpital et son siècle peints par lui-même. L'auteur de sa vie y a inséré quelques passages de ses épîtres, dont il a eu soin de resserrer le style, et qu'il a eu l'art de rendre avec noblesse et avec élégance, et ces passages, ainsi arrangés, ne sont pas un des moindres ornemens de son ouvrage. C'est d'après ce modèle que nous avons rédigé cet essai sur la vie, les écrits et les lois de l'Hôpital. Quant au premier objet, nous ne dirons rien qui ne soit pris dans son testament ou dans ses épîtres. Dans la traduction, nous rendrons fidèlement les idées de l'auteur, mais en évitant la diffusion qui les dépare. Nous ne donnerons que des fragmens ou l'analise des épîtres dont l'excessive longueur auroit infailliblement fatigué le lecteur. Nous terminerons par un exposé des lois dont la France lui fut redevable, et de l'état de la magistrature et du barreau de son temps.

CHAPITRE II.

Naissance de l'Hôpital. Caractère de son père. Malheurs de sa jeunesse. Il devient conseiller au parlement. Epître au cardinal de Tournon, où il parle de l'état de ce corps quand il y entra, de son exactitude à remplir ses fonctions. Peinture des vacances du palais.

L'AUTEUR de la vie de l'Hôpital le fait naître en 1506, à Aigueperse, en Auvergne. L'Hôpital dit cependant, en commençant son testament, qu'il a toujours été en doute de son âge. Dans un autre endroit de son testament, il prétend qu'il avoit dix-huit ans lorsqu'il fut arrêté à Toulouse à l'occasion de l'affaire du connétable de Bourbon, dont il sera question plus bas. Cette arrestation dut avoir lieu en 1523 : il étoit donc né en 1505.

Jean de l'Hôpital, son père, étoit attaché, en qualité de médecin, au connétable de Bourbon, qui se servoit de lui *plus de conseiller que de médecin, n'ayant affaire de si grande impor-*

tance qu'il ne la lui communiquât et ne la passât par son avis (1).

Voici le portrait que son fils en a tracé : « Mon » père, dit-il, pour ne pas parler de ses autres » qualités, étoit constant dans ses affections, » inébranlable dans ses desseins, et prêt à les » soutenir au péril même de sa tête. Ce carac- » tère qu'il montra dès l'enfance, ne se démentit » dans aucun âge de sa vie. Préférant l'honnête » à l'utile, il dédaigna les richesses et fut tou- » jours pauvre. Entraîné tout à coup dans la » chute d'une maison illustre, ce fut moins » par réflexion que par une espèce de fatalité » qu'il suivit un parti que le ciel réprouvoit, » comme l'événement l'a fait voir. Il se trompa, » je l'avoue ; mais son erreur ne fut pas de » longue durée. Il ne se montra cependant pas » l'ennemi de sa patrie ; il ne porta point les » armes contre elle (2) ».

L'Hôpital veut parler ici du connétable de Bourbon, *qui étant*, dit-il dans son testament, *chassé de France par envie et privé de tous ses biens, se retira auprès de l'empereur Charles-Quint.* Jean de l'Hôpital le suivit, laissant en

---

(1) Testament de l'Hôpital.

(2) *Epistolar., lib. I, p.* 58.

France sa famille et le peu de fortune qu'il y possédoit.

Michel de l'Hôpital, son fils, qui étudioit alors en droit à Toulouse, fut arrêté et mis en prison par l'ordre des commissaires qui instruisoient le procès du connétable; mais il fut relaché ensuite par celui même du roi. On lui laissa, deux ou trois ans après, la liberté d'aller joindre son père en Italie. Il y arriva au moment où François Ier., rentré en France après sa captivité, s'étoit ligué contre Charles-Quint avec les princes d'Italie, et avoit entrepris le siége de Milan (1).

« Ce fut dans ce temps, dit l'Hôpital, que
» je vins voir mon père, lequel, voyant que
» le siége sembloit prendre trop long trait,
» ne voulant que je perdisse mon temps, donna
» charge à quelques voituriers de m'emmener,
» avec lesquels étant sorti de Milan en habit
» de muletier, je passai, non sans grand danger,
» la rivière d'Adda, au-dessous de la ville de

(1) L'auteur de la Vie de l'Hôpital et quelques-uns de ses panégyristes le font passer en Italie, aussitôt après sa sortie de prison. Mais par l'époque qu'il indique lui-même, on voit bien qu'ils se trompent.

» Cassan, où il y avoit garnison de gens de » guerre (1) ».

L'Hôpital alla à Padoue pour y continuer ses études du droit. L'école de cette ville étoit depuis long-temps en réputation; les maîtres habiles qu'on avoit l'attention d'y placer, attiroient des jeunes gens de toutes les parties de l'Europe. Les méthodes pour apprendre la jurisprudence n'étoient point encore abrégées dans ce temps-là comme elles l'ont été de nos jours. Quoique l'Hôpital eut déjà acquis en France quelques connoissances du droit, il employa encore six ans à Padoue pour les perfectionner. Il est vrai qu'il joignit à cette étude celle des belles-lettres; le grec et le latin lui devinrent très-familiers (2).

Après avoir fini ses études, l'Hôpital fut à Rome joindre son père, qui, après la mort du

---

(1) Testament de l'Hôpital.

(2) Guibert, dans son Eloge de l'Hôpital, prétend que *lorsqu'il arriva en Italie, Machiavel, Guichardin, Frapaolo, la remplissoient de leur nom;* et il ne fait cette remarque que pour indiquer que c'est à leur école que l'Hôpital puisa les principes dont il veut lui faire honneur. Notez cependant bien que Machiavel venoit de mourir, et que Frapaolo ne naquit qu'environ trente ans après.

connétable, s'étoit mis à la suite de l'empereur Charles-Quint. Le mérite de l'Hôpital se faisoit déjà tellement distinguer, que, quoique jeune encore et étranger, on lui donna une place d'auditeur de la Rote, qui est, dans ce pays, le tribunal le plus éminent.

Cependant l'Italie n'étoit pour l'Hôpital qu'un lieu d'exil. Le souvenir de sa patrie se conservoit dans son cœur; et il ne balança pas à renoncer aux espérances de fortune qu'il pouvoit avoir dans cette terre étrangère, quand le cardinal de Grammont l'engagea à revenir en France, où il lui promit de l'avancer par son crédit.

Mais le cardinal meurt, et l'Hôpital, dénué de tout appui, n'a d'autre ressource que de suivre le barreau de Paris (1). Son mérite ne tarda pas d'y être apprécié, comme il l'avoit été à Rome. Au bout de trois ans, Jean Morin, lieutenant-criminel, lui donna sa fille en mariage, avec une charge de conseiller au parlement pour dot (2). Ce Jean Morin est très-

---

(1) Le cardinal de Grammont mourut en 1534, ce qui donne l'époque du retour de l'Hôpital en France.

(2) C'étoit une charge d'église ou de conseiller clerc; car une partie des charges du parlement étoit réser-

fameux dans le martyrologe des protestans, par l'extrême rigueur qu'il mettoit dans l'exécution des lois qu'on avoit rendues contre eux. Il les poursuivoit sans relâche; les lieux les plus cachés ne pouvoient les dérober à ses recherches.

La rigidité du beau-père contre le protestantisme forme un contraste remarquable avec la tolérance que montra le gendre à son égard, quand il fut parvenu à la première dignité de l'état.

Lorsque l'Hôpital entra au parlement, cet illustre corps avoit presque entièrement dégénéré, par l'effet de la vénalité que les malheurs du temps avoient forcé François Ier. d'y introduire. L'Hôpital, temoin de cette innovation, en décrit ainsi les suites dans une épître au cardinal de Tournon. « Je m'occupe assidue» ment des fonctions que le roi m'a confiées,

---

vées à des clercs, et les laïcs ne pouvoient les posséder qu'en vertu d'une dispense. Voyez les *Recherches de Pasquier*, liv. II, chap. 3. La charge de l'Hôpital eut cela de remarquable, qu'elle passa après lui à Philippe Hurault de Chiverny, qui l'occupa, comme l'Hôpital, pendant neuf ans, et fut comme lui ensuite chancelier de France. *Voyez les Mémoires de Chiverny.*

» et je protége de toutes mes forces ceux qui » sont vexés par des procès injustes. Associé » avec quelques hommes intègres que la cruelle » mort a épargnés, nous soutenons, autant qu'il » est en nous, l'ancienne splendeur de la ma- » gistrature. Que son lustre est effacé! combien » elle s'est avilie depuis qu'on en a ouvert in- » distinctement l'accès à tout le monde ; qu'on » y a vu entrer une foule de jeunes gens sans » esprit et sans application, qui ne connoissent » pas même les premiers élémens du droit, et » dont tous les titres sont dans l'argent qu'ils » ont compté ! Tels sont les fruits que la guerre » nous a apportés. Dans la distribution des em- » plois, on n'a plus d'égard pour le mérite ; la » vertu est forcée de céder à l'opulence ; et c'est » cependant lorsque les vices s'accroissent que » la vertu, pour les contenir, devroit avoir la » puissance et l'autorité (1) ».

Ailleurs il parle encore de son exactitude à remplir les fonctions de sa place. « Quelqu'un, » dit-il, s'est-il jamais acquitté avec plus de » zèle que moi, de ses devoirs envers le roi et » la patrie ? Lorsque j'exerçois les fonctions de » juge, j'arrivois avant le jour le premier au

---

(1) *Epistolar.*, *lib. I*, *p.* 15.

» palais, guidé par mon laquais, portant un » flambeau devant moi (1). N'étois-je pas tou-» jours le dernier à me retirer, quand l'huissier » annonçoit la dixième heure? Me voyoit-on, » comme tant d'autres, errer çà et là dans les » salles, m'impatienter contre les plaideurs ou » contre le sable trop lent à s'écouler (2)? Je » restois immobile sur mon siége. Mon exemple » a été long-temps cité pour modèle».

---

(1) Le traducteur des épîtres de l'Hôpital a rendu ainsi ce passage : *Ne me voyoit-on pas avant le jour arriver au palais avec ma petite lanterne et le petit valet qui guidoit mes pas? Tome II, p.* 63. Il n'y a aucune de ces petitesses dans le texte; il n'y est pas surtout question de lanterne : *Mane viam facibus puero monstrante.*

Les magistrats qui demeuroient loin du palais s'y rendoient montés sur des mules qu'on laissoit dans la cour, sous la garde de domestiques que Rabelais appelle les pages du palais. Liv. II, chap. 17. C'étoient sans doute de jeunes laquais, semblables à ceux qui portent aujourd'hui le nom de *Jokeis.*

(2) Il y a dans le texte *cunctanti arenæ*, que le traducteur de l'Hôpital a rendu par le mot horloge. Celle du palais ne fut finie que sous Henri III. *Journ. de l'Etoile, ann.* 1585. Les expressions de l'Hôpital indiquent qu'on se servoit, pour régler la durée des séances du parlement, d'un clepsydre de sable dont

Les

Les vacances ne changeoient pas beaucoup la manière de vivre de l'Hôpital. Il nous fait une peinture très-vive et très-agréable de ce temps de délassement, et des occupations auxquelles il l'employoit. « C'est, dit-il, un usage ancien » parmi nous, que, lorsque septembre arrive, » l'on suspend les travaux de Thémis. Les » portes de son temple se ferment, et il n'est » plus habité que par le silence. C'est un relâche » qu'on accorde à nos eprits.

» Fatigué du travail, ennuyé même du séjour » de la ville, chacun s'empresse de gagner la » campagne. On déserte en foule; les uns s'em- » barquent sur la rivière, d'autres montent à » cheval. On entend les fouets claquer sur toutes » les places. Les chemins étroits sont encom- » brés par des files de voitures et de chariots » couverts de peaux de bœufs (1).

» A peine arrivé à la campagne, chacun se » livre à l'amusement qui lui plaît davantage.

---

l'usage s'y maintint, lors même qu'on eut des horloges. Un huissier annonçoit à dix heures la levée de la séance. On dînoit alors à onze heures. Dans le siècle précédent, c'étoit à dix, comme on le voit par la farce de Patelin.

(1) Voyez la note II.

» L'un s'occupe de son ménage, serre son vin,
» étaie ses greniers pliant sous le poids des
» récoltes, fait rendre compte à un fermier de
» mauvaise humeur. Celui-ci plante des arbres
» au cordeau, entoure sa demeure d'un vert
» bocage. Il en est qui poursuivent la bête fauve
» à l'aide de leurs javelots et de leurs chiens;
» d'autres qui tendent des filets aux oiseaux et
» les trompent avec la glue.

» Quant à moi, qui n'ai aucun champ que
» la charrue sillonne, et dont les troupeaux
» n'errent point sur les montagnes (1), je vais,
» accompagné de ma femme et de ma fille, le
» seul enfant, hélas! qui me reste de trois que
» j'avois, chercher ma récréation dans la cam-
» pagne riante de mon beau-père (2).

» Là, dans un heureux loisir, je fais, comme

(1) Les biens du père de l'Hôpital avoient été confisqués lors de l'affaire du connétable; ils ne lui furent rendus que long-temps après l'époque de cette épître.

(2) La campagne du lieutenant criminel Morin, beau-père de l'Hôpital, devoit être à Vitry, près Choisy, si c'est la même où l'Hôpital raconte, en un autre endroit, qu'il fut se rétablir d'une maladie. *Epistolar.*, *lib.* 3, *p.* 165.

» les autres, l'énumération de mes richesses, » que je ne changerois pas pour tout l'or de » Crassus, quelques modiques qu'elles soient. » Quel temps précieux! que je goûte de bon- » heur pendant ces deux mois!

» D'abord je mets à l'écart toute affaire liti- » gieuse. Je ne fais ni notes, ni extraits de mes » lectures. Je cesse toute étude sérieuse; et en » récréant mon esprit par des amusemens hon- » nêtes, je le dispose à reprendre avec plus d'ar- » deur sa tâche accoutumée.

» Il n'y a cependant rien de frivole dans ces » amusemens. Tantôt je prends en main Xeno- » phon, ou je permets au divin Platon de » charmer mes oreilles des discours de Socrate; » tantôt je porte mes regards sur les écrits su- » blimes d'Homère et de Virgile; quelquefois » je trouve du plaisir à lire alternativement » une tragédie et une comédie, et à mêler ainsi » le triste à l'enjoué, le plaisant au sévère. » J'aime encore à parcourir les discours de ces » orateurs amis de leur pays, qui méritèrent, » par leur éloquence, les suffrages du sénat et » du peuple.

» La lecture de ces annales, où les faits illus- » tres de nos rois sont écrits naïvement et sans

» art, me cause souvent plus de plaisir que
» celle des histoires grecques, où l'habileté de
» l'écrivain brille souvent au dépens de la
» vérité.

» Mais nul livre ne sauroit être mis en parallèle avec nos divines écritures. Quel calme
» elles répandent dans nos âmes ! Que de consolations on y trouve dans les malheurs de
» la vie !

» O combien je serois heureux de pouvoir
» employer toujours mon temps à de telles
» occupations, soit à la campagne, soit à la
» ville ! Mon esprit n'est pas tourmenté du
» désir d'amasser des richesses ; et j'ai chassé
» de mon cœur l'ambition, cette passion si funeste, qui fait le tourment et la perte de
» tant de gens et les tient dans une servitude
» continuelle (1) ».

L'Hôpital auroit du moins préféré toute autre carrière à celle de la magistrature. Son génie se trouvoit à l'étroit dans les fonctions minutieuses et monotones d'un juge. Les débats des plaideurs et les criailleries des avocats lui étoient également insupportables. « Cette pierre qu'il
» étoit obligé, disoit-il, de rouler comme un

(1) *Epistolar.*, *lib. I*, *p.* 11 *et seq.*

» autre Sisyphe, depuis le lever du soleil jusques » à son coucher, et que le lendemain il re- » trouvoit encore au bas de son rocher, l'acca- » bloit de sa pesanteur (1) ». Mais comme il le dit dans son testament, « *La vertu rencontre » beaucoup d'embûches et d'empêchemens à » sa naissance* ». Elle n'en est exempte en aucun temps.

---

(1) *Epistolar, lib. I, p.* 8.

CHAPITRE III.

Causes qui s'opposoient à l'avancement de l'Hôpital. Epître à du Chatel. Autre au cardinal de Tournon. Timidité de l'Hôpital. Portrait des intrigans de son temps. Le chancelier Olivier le fait envoyer en qualité d'Ambassadeur au concile de Trente.

PLUSIEURS causes s'opposoient à l'avancement de l'Hôpital. Quoique François Ier. eût pardonné à un grand nombre de ceux qui avoient partagé l'infidélité du connétable de Bourbon, il fut inexorable à l'égard de ses principaux confidens. Le père de l'Hôpital étoit de ce nombre. Il avoit été nommément compris dans l'arrêt du parlement rendu contre ce prince. Aussi, malgré les conditions que Charles-Quint avoit exigées de François Ier., dans les traités qu'il avoit faits avec lui en faveur des complices du connétable, Jean de l'Hôpital ne put jamais obtenir la restitution de ses biens, ni même la permission de rentrer en France. Il fut obligé d'aller terminer ses jours auprès du duc de Lorraine.

La défaveur du père s'étendit jusques au fils. C'est le sujet d'une longue épître que l'Hôpital adressa à Pierre du Chatel, son ami, parvenu par son mérite aux premières dignités de l'église, et chéri du roi autant à cause de la droiture de son cœur qu'à cause de ses vastes connoissances (1).

L'Hôpital rappelle d'abord à du Chatel combien la protection qu'il a accordée aux lettres leur a été utile, et combien il en avoit accéléré les progrès en encourageant le premier en France l'étude de la langue grecque; ensuite il le prie d'employer l'ascendant qu'il a sur l'esprit du roi, pour effacer les préventions qu'on lui avoit inspirées sur son compte.

Il parle de la conduite de son père dans l'affaire du connétable. Il tâche de persuader à du Chatel qu'elle n'a pas été aussi criminelle qu'on l'a cru. « Mon père, ajoute-t-il, n'avoit » pu se garantir des traits de l'envie; j'en suis » encore l'innocente victime. On lui fit un » crime des inventions que la haine inspira à » ses ennemis, et qu'il leur fut aisé de faire » croire à des hommes, qui, par le désir de » nuire ou par l'habitude de la calomnie, pren-

(1) Voyez la note III.

» nent volontiers les suppositions pour des vé-
» rités. Que ces hommes sont nombreux ! on
» en rencontre partout. Mais la cour des rois
» est leur principal asile ».

Ici l'Hôpital adresse son discours au roi lui-même. « Malheureux, s'écrie-t-il, pourquoi me
» consumer en vaines paroles, lorsque vous
» n'avez, grand prince, refusé le pardon à au-
» cun de ceux qui l'ont imploré. Un seul mot
» de votre bouche leur a redonné la vie et leur
» a ouvert l'accès de leurs pénates. On loue la
» clémence de César envers ses concitoyens
» vaincus. Combien est plus grande la vôtre,
» puisque, roi légitime, vous avez rendu tant
» de maris à leurs femmes, tant de pères à
» leurs enfans, et leur avez restitué les biens,
» dont le fisc avide s'étoit emparé? Vous ne leur
» avez pas même refusé des emplois et des hon-
» neurs. Il est aussi rare que glorieux de voir
» un monarque puissant se maîtriser ainsi, et
» rappeler à lui par des bienfaits, des cœurs
» dont il n'avoit provoqué l'ingratitude par au-
» cune injure (1) ».

Quoi qu'en dise le traducteur des épîtres de l'Hôpital, le crédit de du Chatel ne put rien

---

(1) *Epistol. lib. I, p.* 53, 59, 61.

en sa faveur. D'autres causes rendoient le chemin de la fortune difficile pour lui. Outre cette probité austère, ces sentimens nobles et délicats, dont il faisoit gloire, il étoit encore craintif et timide. C'étoient-là des vices capitaux dans un temps où l'intrigue, la bassesse, le charlatanisme et l'impudence comptoient déjà parmi les moyens de parvenir. Il faut l'entendre lui-même là-dessus.

« Cette honte, dit-il au cardinal de Tournon, » qui a été si nuisible à tant de gens de bien, » me retient souvent lorsqu'il s'agit d'aller vous » rendre les devoirs accoutumés. Arrivé sur le » seuil de votre porte, j'hésite d'entrer et le » plus souvent je reviens sur mes pas (1). Ce » n'est pas que, m'érigeant en Chrysippe ou en » Diogène nouveau, je veuille montrer du mé- » pris pour votre haute fortune. Qui mieux » que moi rend justice aux talens et aux vertus » qui vous l'ont méritée ! Votre portier m'a-t-il » jamais fait éprouver des délais ou des refus ! » L'accès de votre palais ne m'est-il pas ouvert à » toute heure? Souvent quand j'arrive au mo-

---

(1) Le cardinal de Tournon jouit de la pricipale autorité pendant le règne de François Ier, et une partie de celui de son successeur.

» ment des repas, ne me faites-vous pas as-
» seoir à table tête à tête avec vous? Tant de
» faveurs dont je n'ose m'enorgueillir, pour
» ne pas irriter l'envie qui m'observe de toute
» part, n'ont pu me corriger de cette timidité,
» dont on me fait un crime et qu'on regar-
» doit autrefois comme un signe infaillible des
» grandes qualités du cœur et de l'esprit.

» Que diriez-vous en effet si quelqu'un vous
» sollicitoit de cette manière. *Sachez, si vous*
» *l'ignorez, que je suis un homme des plus*
» *distingués. Je possède le droit dans sa per-*
» *fection et je suis également propre à l'ad-*
» *ministration et au service militaire. Donnez-*
» *moi donc des places et des honneurs.* Au
» lieu de croire, sur leur parole, comme il ar-
» rive journellement, des impudens capables
» de tenir un tel langage, ne faudroit-il pas plu-
» tôt les éconduire avec indignation et leur faire
» donner quelques grains d'hellébore (1) »?

Il étoit impossible que la grande âme de l'Hôpital pût jamais se monter à ce degré d'effronterie, malgré tous les avis qu'on lui don-

(1) *Epistolar.*, *lib. I*, *p.* 13, 14; *et lib. II*, *p.* 73, 74.

noit à ce sujet, et dont il va encore nous rendre compte.

« Si vous ne pressez sans cesse, me disoit-on, » ceux que vous choisissez pour vos protec- » teurs; si vous n'êtes auprès d'eux à toute » heure, depuis le lever de l'aurore jusqu'au » moment où la nuit vous force de rentrer » dans vos foyers, vous êtes condamné à une » pauvreté éternelle. On n'obtient rien qu'à » force d'instances et d'importunités; les rebuts » ne doivent pas dégoûter; il faut n'avoir ni » humeur ni honneur (1).

» Voyez, m'ajoutoit-on, quels sont la plu- » part de ceux qui occupent des places im- » portantes (on m'en citoit un grand nombre, » dont quelques-uns m'étoient bien connus); » ce n'est pas assurément par leur mérite qu'ils » y sont parvenus; car il est absolument nul; » mais par leurs adulations, leurs bassesses et » leurs intrigues.

» Tout cela, dit l'Hôpital, ne pouvoit me » toucher, et j'ai toujours dédaigné les richesses

(1) Il m'a semblé que ces expressions devenues proverbiales rendoient assez bien le texte :

Nec famæ est aliquid, dandumve pudori.

» qu'il auroit fallu acquérir au prix de l'hon-
» neur (1) ».

Cependant la vertu, dans le siècle de l'Hôpital, n'étoit pas dénuée de toute ressource. Il y avoit parmi les grands mêmes, beaucoup d'hommes capables de la discerner et dignes de la protéger. Guibert, dans son Eloge de l'Hôpital, ne veut pas *qu'il ait été en commerce d'intimité ou de familiarité avec aucun grand* (2). C'est sans doute là un plaisant sujet d'éloge. L'intimité des grands ne peut faire tort qu'à ceux qui y parviennent par des voies honteuses; mais quand c'est la vertu qui en est le principe, elle honore également et celui qui l'accorde et celui qui l'obtient. Il n'y a d'ailleurs qu'à parcourir la vie de l'Hôpital et même les adresses de ses épîtres, pour voir combien est fausse l'assertion de Guibert. On le voit en relation, dans le temps même où il n'étoit encore que simple particulier, avec les personnages les plus célèbres par leur rang ou par leur mérite. Dans ce nombre, on compte beaucoup de femmes. Ce siècle si fertile en grands hommes, ne le fut

---

(1) *Epistolar.*, *lib. II*, *p*, 74.
(2) Page 116.

pas moins en femmes illustres. Elles valurent en général mieux que les hommes. L'Hôpital trouva parmi elles des protectrices zélées. Mais les premières faveurs qu'il reçut lui vinrent du chancelier Olivier.

Cet illustre magistrat, que, *pour la suffisance et la vertu non communes*, Montaigne met sur la même ligne que l'Hôpital (1), étoit petit-fils d'un procureur au parlement. Jacques Olivier, son père, avoit commencé l'illustration de sa famille. D'abord avocat général, ensuite premier président du conseil de Milan pendant que les Français furent maîtres de ce pays, il obtint enfin la même place au parlement de Paris. Son fils fut encore au-delà, puisqu'il devint chancelier de France.

De pareilles fortunes n'étoient pas rares alors. Les premières places de la robe, comme la plupart de celles de l'église, étoient occupées par des hommes que leur mérite y avoit conduits souvent du rang le plus bas, et qui venoient rivaliser avec ce qu'il y avoit de plus distingué par la naissance. La noblesse, toute fière et toute-puissante qu'elle étoit, ne rougissoit pas

---

(1) Essai, liv. II, ch. 17. Sur ce chancelier, voyez note IV.

de les voir figurer à côté d'elle; et par cette heureuse alliance de l'honneur et de la vertu, qui faisoit tout à la fois la gloire et la force de la nation, on voyoit régner cette égalité qui tend à élever et à agrandir les âmes, et qui est bien différente de celle qui rabaisse tous les hommes au même niveau et les plonge indistinctement dans l'abjection.

Pour revenir au chancelier Olivier, il avoit connu l'Hôpital au parlement. La conformité de leurs principes et de leurs caractères les unit bientôt de la plus vive amitié. Tant que François Ier. vécut, les bonnes intentions d'Olivier pour l'Hôpital furent impuissantes; mais à peine ce prince fut-il mort, qu'Olivier songea à tirer son ami de l'état obscur où il languissoit. Il le fit envoyer en qualité d'ambassadeur au concile de Trente, qui venoit d'être transféré à Bologne.

CHAPITRE IV.

Origine des conciles. Convocation de celui de Trente. Sa translation à Bologne. Départ de l'Hôpital. Épître à Adrien Drac, conseiller au parlement de Paris, où il raconte les événemens de sa route. Autre au cardinal du Bellai. Il l'exhorte à continuer de faire des vers. Occupations de l'Hôpital à Bologne. Suspension du concile. Retour de l'Hôpital.

La tenue du concile de Trente est un des événemens les plus importans d'un siècle où il s'en passa tant de mémorables. Le christianisme, ennemi par essence, de toute autorité arbitraire, ne reconnoît de décisions suprêmes que celles qui sont portées par ses pasteurs réunis, ou qui reçoivent l'assentiment de ceux qui n'y ont pas concouru. L'usage des conciles fut pratiqué par les apôtres dans le berceau même de l'Église. Durant les persécutions, les évêques profitoient des momens de relâche pour se réunir en concile et établir, par les canons qu'ils y faisoient, la discipline de l'Eglise naissante. Ces canons sont encore regardés comme les sources les plus pures du droit ecclésiastique. La paix étant rendue à l'Eglise par Constantin, la solennité des conciles s'accrut. On en vit où se trouvoient des évêques de presque tout le monde romain. Ils prirent le nom de conciles universels. Les empereurs les convoquoient, les présidoient et donnoient la sanction à leurs décrets.

Le démembrement de l'empire d'Occident par les Barbares dérangea cet ordre de choses. Chaque royaume qu'ils établirent forma une église particulière, qui eut aussi ses conciles. Ils se confondirent quelquefois avec les assemblées politiques, où ces peuples avoient coutume de traiter leurs affaires les plus importantes. Ces assemblées n'auroient été, sans cela, que des cohues de Barbares. Les évêques qu'on y admit aussitôt après la conquête, y portèrent quelque chose de cet esprit d'ordre et de régularité, qui est particulier à la hiérarchie religieuse et aux formes du droit romain, que les ecclésiastiques avoient conservées. Ces assemblées, dont la politique étoit le principal objet, furent comme le dit Montesquieu, *des*

conciles

conciles par occasion. On y traitoit des affaires civiles et ecclésiastiques.

Il n'en fut pas de même en Orient, où les assemblées politiques étoient inconnues. Les conciles ne s'occupèrent jamais que des matières religieuses. Quand on les composoit des évêques de toutes les parties de l'empire, ils formoient encore une assemblée assez nombreuse pour prendre le titre de conciles universels. En Occident, où l'on ne pouvoit réunir tout au plus que les évêques d'un seul royaume, ce n'étoient que des conciles particuliers ou nationaux. Charlemagne renouvela cependant une image des conciles universels dans celui de Francfort, tenu en 794, et où se trouvèrent les évêques des vastes états déjà soumis à sa domination.

L'Eglise, fortifiée sous sa protection, ne fut point démembrée comme son empire. Elle forma en quelque sorte un Etat à part dans tous les autres Etats de l'Europe; et le pape, chef spirituel de l'Eglise, en fut aussi le chef temporel. Ce fut à lui que le droit de convoquer les conciles se trouva dévolu. Outre les évêques, les abbés, les docteurs les plus renommés dans les sciences civiles et ecclésiastiques, on voyoit dans ces assemblées les ambassadeurs de tous les souverains de l'Europe. C'étoit pour eux une espèce de diète générale. On y faisoit des règlemens sur les parties les plus importantes de l'ordre social, qui devenoient communes à toute l'Europe, et que la barbarie de la législation civile n'auroit pu ni imaginer, ni faire exécuter. Les règlemens des conciles comprimèrent peu à peu cette barbarie, et frayèrent les voies à la civilisation.

La nécessité des conciles se fit surtout sentir à la suite du grand schisme qui désola l'Eglise et l'Europe dans le quinzième siècle. Le concile de Constance, en y mettant fin, voulut réprimer les abus qui en avoient été la suite. Il déclara l'autorité des conciles supérieure à celle du pape; et, pour les mettre à même de l'exercer, il ordonna qu'ils seroient convoqués à des époques périodiques. Le gouvernement de l'Eglise alloit devenir aristocratique, de monarchique qu'il étoit auparavant.

La convocation du concile de Bâle fut une suite de la détermination de celui de Constance. La cour de Rome mit à éluder les décrets de ces conciles, cette politique qui l'a distinguée de tous les temps. Le nom de concile devint pour elle un objet d'inquiétude et d'aversion.

Cependant l'unité de l'Eglise occidentale, troublée par quelques réfractaires, étoit restée intacte.

Les hérésies, toujours comprimées, n'avoient laissé que de foibles traces de leur existence. Il n'en fut pas de même de celles qui s'élevèrent dans le seizième siècle.

Les partis qui se formèrent, soutenus par des princes puissans, se montrèrent irréconciliables presque dès leur naissance. On demanda, suivant l'usage, un concile pour prononcer sur les débats qu'ils avoient fait naître. Mais, d'un côté, les dissidens vouloient un concile libre, où ils seroient admis non comme parties; mais comme juges. D'un autre côté, le pape, outre la répugnance qu'il avoit pour cette mesure, depuis les craintes que lui avoient inspirées pour ses prérogatives, les décrets de Constance et de Bâle, n'étoit plus le maître absolu de cette convocation. Les grandes puissances de l'Europe, dégagées des entraves de la féodalité, et rentrées peu à peu dans l'exercice de leurs droits, ne vouloient pas qu'elle se fît sans leur participation.

Il fallut du temps pour applanir les obstacles. A la fin, le pape Paul III assigna, en 1542, la ville de Trente, placée sur les frontières de l'Allemagne, principal foyer de la discorde. Le concile ne fut d'abord composé que des évêques d'Italie, d'Allemagne, et de ceux des vastes Etats de l'empereur Charles-Quint. L'influence de ce prince n'étoit pas un des moindres sujets d'alarme pour la cour romaine. Elle entrava autant qu'elle put les opérations du concile; et, pour se rassurer entièrement, elle le transféra à Bologne, sous le prétexte d'une épidémie, qu'on prétendoit s'être manifestée à Trente. Les évêques d'Italie seuls obéirent. Les autres s'obstinèrent à demeurer à Trente. La France reconnut le concile de Bologne, par la seule raison que Charles-Quint, son ennemi, étoit resté attaché à celui de Trente.

L'Hôpital partit de Paris vers la fin d'août de l'année 1547, fatigué par la chaleur et la poussière, et arriva à Bologne vers le milieu de septembre, accablé par les pluies et ayant de la peine à se tirer des boues, qu'elles avoient occasionnées. Il éprouva bien des accidens dans son voyage; s'étant embarqué sur le Pô, à Turin, il faillit y périr. Il se trouva à Plaisance le 10 septembre, jour de l'assassinat du duc Louis-Joseph Farnèse. Le pape Paul III, son père, qui avoit été marié avant son pontificat, lui avoit donné ce duché, au grand déplaisir de l'empereur Charles-Quint. Ce prince passa pour avoir été un des principaux instigateurs de la conspiration, dont l'oppression que Farnèse exerçoit sur ses sujets, favorisa le succès. Cet événement fut très-remarqué en France dans le temps, parce que la cour romaine, en faisant partager à la France le ressentiment qu'elle en avoit éprouvé, l'entraîna quelques années après dans une guerre qui la mit à deux doigts de sa perte.

L'Hôpital encore ému du spectacle qu'il avoit vu à Plaisance, en rend compte, comme des autres circonstances de son voyage, dans une épître à Adrien Drac, son collègue au parlement de Paris, et ami, comme lui, du chancelier Olivier. Il raconte comment le duc fut tué dans son lit par les conjurés, qui, pendant son sommeil, avoient pénétré jusques à son appartement. « Il a beau, dit-il, tendre les mains à » ses meurtriers et leur demander grâce, il est » percé de mille coups et tombe victime des » embûches des siens. Imprudent! qui n'avoit » pris des précautions que contre les dangers » extérieurs, et ne voyoit pas ceux qui le me- » naçoient, au milieu même de la citadelle » qu'il faisoit construire. Sa mort n'assouvit pas

» la rage de ses ennemis. Chose horrible! on » accumule les outrages sur son cadavre. Après » l'avoir mutilé, on le suspend à un gibet, et » l'on repaît de ce spectacle atroce, un peuple » qu'on trompe par le vain espoir de la liberté.

» Vous savez le reste. J'ai été témoin de toutes » ces horreurs. J'ai vu les épées étincelantes, » les mains des assassins encore teintes du sang » de leur victime, le poignard fumant sorti à » peine de la blessure, le cadavre défiguré, » abandonné aux chiens, et des nuées de cor- » beaux voltigeant à l'entour (1) ».

L'Hôpital, en faisant ce triste récit à Drac, lui recommande de le tenir au courant des nouvelles de France, afin qu'à son retour il ne paroisse pas étranger dans son propre pays, et, que s'il est destiné à rester long-temps sans le voir, son souvenir soit un soulagement aux peines de l'absence.

L'Hôpital avoit en effet besoin de quelques distractions à Bologne. Les évêques qui s'y trouvoient ne tinrent qu'une cession, et restèrent ensuite dans une inaction absolue. Ceux de Trente n'en faisoient pas davantage. Le but du

---

(1) *Epistolar.*, *lib. I p.* 21, 22. Thuan., histor., ann. 1547.

pape, qui vouloit paralyser le concile, étoit rempli.

Pour charmer l'ennui que l'oisiveté lui causoit, l'Hôpital gravissoit les montagnes de l'Apennin; et tantôt il parcouroit, un livre à la main, les points de vue magnifiques qu'elles lui présentoient; tantôt il prenoit la plume pour composer des vers. Une de ses épîtres, écrite à l'ombre de l'église de Saint-Vincent, dans le territoire de Bologne, est adressée au chancelier Olivier. On croiroit même, à la manière dont il s'exprime, que ce ne fut qu'alors que l'Hôpital commença à écrire en vers; car il dit à Olivier qu'il a balancé long-temps de lui adresser ses vers incorrects, de crainte qu'il ne rît de la légèreté avec laquelle son ami versifioit, et surtout de voir un juge devenu tout à coup poëte.

Les douleurs du corps se joignirent aux peines de l'esprit. Quoique âgé seulement de quarante-deux ans, l'Hôpital crut avoir à la fois des attaques de goutte et de gravelle. Il fait une longue description, à Olivier, des maux qu'il éprouvoit. Mais celui qu'il paroissoit le plus redouter, c'étoit, à son retour en France, d'être obligé de reprendre les fonctions de juge, pour lesquelles il avoit plus d'aversion que jamais. Il prie instamment Olivier de lui épargner ce désagrément (1).

On trouve une humeur moins noire, et même de la gaieté dans une autre épître écrite de Bologne, qui contient cependant des plaintes à peu près semblables, et qui est adressée au cardinal du Bellay. Ce prélat appartenoit à une famille considérable non-seulement par son ancienneté, mais encore par l'illustration qu'elle acquit au seizième siècle dans les armes et dans les lettres. Du Bellay réunissoit, suivant l'usage de ce temps, un grand nombre d'évêchés et d'abbayes. Il étoit entre autres, évêque de Paris et abbé de Saint-Maur. Homme d'esprit et poëte distingué, il aimoit la société des gens de lettres, qu'il réunissoit souvent à Saint-Maur, devenu sous lui le séjour des muses (2). Du Bellay étoit, après le cardinal de Tournon, celui en qui François Ier. avoit le plus de confiance. Ils furent tous les deux disgraciés après la mort de ce prince. Rome fut l'asile que du Bellay choisit; il y mena, en qualité de secrétaire, le fameux Rabelais.

---

(1) *Epistol.*, *lib. I*, *p.* 4 *et seq.*

(2) *Epist.*, *lib. I*, *p.* 44.

Ce prélat partit pour l'Italie à peu près dans le même temps que l'Hôpital. Celui-ci, dans l'épître qu'il lui adresse de Bologne, lui dit qu'il s'étoit flatté de le rencontrer en chemin, ce qui lui eût fait d'autant plus de plaisir, qu'ils auroient charmé l'ennui de la route par d'agréables conversations, ou en composant des vers dans le goût de ceux d'Horace ou de quelque autre poëte ancien.

Il l'exhorte ensuite à continuer de travailler pendant son séjour à Rome. « Eprouvez, » lui dit-il, si vous serez mieux inspiré par les » muses latines au milieu du Latium et dans » le centre de sa capitale, que loin de l'Italie, » dans ce lieu où la Marne sépare les Belges des » Celtes, et après avoir dépassé lentement le » bois de Vincennes, vient errer autour de ces » murs et de ce temple consacré depuis si long- » temps par la religion (1) : de ce temple placé » sur une colline, où vous avez fait siéger le » brillant Apollon, accompagné des muses et » d'une troupe choisie de poëtes. En quittant ce » lieu, la Marne se répand au loin, et forme » ensuite un isthme superbe, en se repliant » sur elle-même; mais bientôt, se détournant

(1) Saint-Maur.

» vers le couchant, elle se perd sur la gauche » dans des ondes plus nobles, et entre ainsi sans » gloire dans la première ville de la France (1).

» Si vous pouvez faire de meilleurs vers à » Rome, j'y consens ; j'admirerai en ce cas » l'influence de ce climat. Mais, non; vous » n'en ferez pas de meilleurs que ceux que » tout le monde lit, et d'autres que vous » m'avez montrés en France. On avoit cru » long-temps l'art des vers interdit aux Fran- » çais, et l'on regardoit les Alpes comme des » barrières impénétrables qui retenoient les » muses en Italie; mais, nouvel Alcide, vous » avez brisé ces barrières et vengé l'honneur » de notre patrie (2).

» Quant à moi, si vous m'aimez encore, et » si vous êtes curieux de savoir ce que je fais » depuis que la fertile Bologne m'a reçu dans » son sein, je me promène tous les jours sous ses » vastes portiques, et je brave de là les pluies » et les torrens d'eau qui, accumulés sur les

---

(1) Confluent de la Seine et de la Marne.

(2) Il y a une autre épître sur les poésies de du Bellay, *lib. III*, *p.* 166. Elle fut écrite chemin faisant, pendant un voyage que l'Hôpital fit à Loudun avec Paul Emile et Macrin. Voyez la note V.

» montagnes de l'Étrurie, viennent ensuite » fondre sur la ville. Je n'y suis cependant » pas dans une oisiveté entière; je reprends » un ouvrage que j'avois peut-être entrepris » témérairement dans ma jeunesse, et que je » pourrai terminer dans quelques années, si » je ne suis forcé de reprendre mes fonctions » du palais (1).

» Je ne suis point du tout d'avis d'employer » mon temps à des choses frivoles, à écrire con» tinuellement des vers, qui n'ont qu'un ins» tant de vie, et qui ne conviennent plus ni » à mon âge, ni à mes cheveux gris (2).

» Enfin, s'il faut vous tout dire, depuis que » je suis ici, j'ai fait couper mes cheveux et » je laisse croître ma barbe. J'ai pris l'habi» tude de parler peu et d'exprimer beaucoup » de choses par signes. Il me semble que je » suis devenu un philosophe. Il ne me manque » plus, du moins pour l'être complètement, » que le manteau et les brodequins d'un Vé» nitien. Mais je ne serai peut-être qu'un fou

---

(1) C'étoit un ouvrage sur le droit, dont nous parlerons ailleurs.

(2) L'Hôpital n'avoit cependant alors que quarante-deux ans.

» pour vous et pour tous ceux qui apprécient
» les hommes non par leur habit, mais par leur
» valeur intérieure; et, parlant sérieusement,
» je crois que vous auriez raison (1) ».

Cependant le pape Paul III n'ayant pu réunir les évêques de Trente à ceux de Bologne, prit le parti de suspendre le concile. La mission de l'Hôpital devenoit par-là entièrement inutile. Après un séjour de seize mois en Italie, il retourna en France.

---

(1) *Epistol.*, *lib. III*, *p.* 78 *et seq.* Voyez la note VI.

CHAPITRE V.

Changemens opérés à la cour pendant l'absence de l'Hôpital. Disgrâce d'Olivier. Epîtres que l'Hôpital lui adresse à ce sujet. Vie d'Olivier dans sa retraite. La duchesse de Berri protége l'Hôpital. Il est fait surintendant des finances. Epître où il rend compte de sa conduite dans cette place.

LA cour avoit bien changé pendant l'absence de l'Hôpital. Diane de Poitiers, maîtresse de Henri II, y exerçoit un pouvoir absolu. Gilles-le-Maître, avocat général au parlement, intrigant habile et dangereux, jouissoit d'un grand crédit auprès de cette favorite. Par ses menées, le chancelier Olivier est disgracié; et, n'ayant pu le forcer à se démettre de sa place, on lui ôte les sceaux qu'on donne à Bertrandi, président au parlement, et depuis cardinal et archevêque de Sens, homme de peu d'esprit, suivant de Thou. Le Maître se contenta, pour lui, de la place de premier président, qui étoit occupée par Liset, fils d'un paysan d'Auvergne, que ses vertus et ses vastes connoissances en jurisprudence avoient élevé jusque-là. Il exerçoit une grande influence dans le parlement.

L'Hôpital perdoit dans Olivier un ami sûr et un protecteur éclairé. Leurs relations n'en subsistèrent pas moins. Olivier s'étoit retiré dans sa terre de Lewille près de Montlhéri. Quand l'Hôpital éprouvoit quelque chagrin, il cherchoit à s'en consoler en le déposant dans le sein de l'amitié. Nous n'avons cependant que deux épîtres de l'Hôpital écrites à Olivier depuis sa disgrâce. Ce sont, sans contredit, les plus belles qu'il ait faites, celles où l'élévation de ses sentimens et la grandeur de son âme se déploient davantage : c'est la vertu s'indignant contre l'injustice.

Voici comment, dans une épître écrite cependant plusieurs années après la disgrâce d'Olivier, il en rappelle les causes et les circonstances.

« La plupart des hommes, dit-il, touchés » uniquement du présent, et peu affectés des » dangers que le temps ou l'espace ne leur » montre que de loin, ne font aucun cas des » peines et des récompenses éternelles. Les » grandes âmes, au contraire, ne s'arrêtent

» point à ce qui est changeant et périssable.
» Ni l'or, ni l'espérance, ni le crédit, ni la
» crainte ne sauroient les ébranler; elles mar-
» chent toujours le front levé. La vénération
» les suit jusque dans la cour des rois. Je me
» souviens que, du temps de François Ier.,
» lorsque les présidens Baillet et Selve se pré-
» sentoient à lui, ce prince hésitoit s'il ne de-
» voit pas se lever devant eux; tellement la
» vertu en impose même à la majesté royale.

» Combien de fois n'avez-vous pas été vous-
» même un sujet d'admiration pour ce prince,
» soit que vous parlassiez, soit que vous gar-
» dassiez le silence! Que de choses honnêtes
» vous lui avez inspirées! de combien de hon-
» teuses vous l'avez détourné! Vous n'ignoriez
» cependant pas que la franchise engendre tou-
» jours l'envie, et que ce n'est que par la com-
» plaisance et par la flatterie qu'on se fait des
» amis.

» Mais la vertu, dans toute son austérité,
» est ce qui plaît à un grand caractère. Qu'elle
» soit dangereuse, inutile, sans fruit, n'importe;
» il la préfère à cette souplesse qui craint d'of-
» fenser en faisant le bien, et à une faveur
» acquise par de méchantes voies. Tel vous
» étiez connu à la cour. Vous n'aviez cepen-

» dant pu éviter les traits mordans de la ca-
» lomnie et de l'envie : vous passiez pour un
» ministre dur, triste, inflexible et assez peu
» courtisan pour refuser une injustice à des
» hommes puissans, et pour oser même leur
» résister et les contenir dans les limites de la
» justice. On regardoit de tels principes comme
» surannés et tout à fait étrangers à nos mœurs.
» Vous avez cependant resté plus long-temps en
» place qu'on ne croyoit.

» La foudre a enfin éclaté et ébranlé, par
» deux coups terribles, le temple de la jus-
» tice (1). Loin d'en être abattu, vous n'avez
» montré qu'un front plus altier, comme le pal-
» mier qui se soulève contre le poids qui l'op-
» prime.

» O grande et précieuse récompense de la
» vraie piété ! ô amour du ciel qui nous
» rend si indifférens pour les choses terrestres !
» ce n'est ni dans l'école de Platon, ni dans
» celle de Zénon, que vous avez puisé une
» constance si admirable, mais dans celle de
» Jésus-Christ, le meilleur et le premier des
» maîtres (2) ».

---

(1) Il veut parler de la destitution de Liset.

(2) *Epistolar.*, *lib. III*, *p.* 133 *et seq.*

Dans une épître écrite à une date plus ancienne, l'Hôpital décrit la vie qu'Olivier menoit dans sa retraite. Rien de plus noble que le début :

« Votre vertu, Olivier, a triomphé des traits » cruels de la fortune. Contente de vous avoir » précipité du rang suprême, et de vous avoir » dépouillé de vos superbes faisceaux, elle vous » laisse cultiver en paix le modeste héritage de » vos pères.

» Les grandeurs éblouissent pour l'ordinaire » ceux qui ne les connoissent point; mais sitôt » qu'ils en approchent, ils voient qu'elles n'ont » ni l'importance, ni l'éclat qu'on leur suppo- » soit. L'erreur funeste qui les avoit d'abord » séduits se dissipe. Quant à vous, vous avez » su apprécier les choses humaines ce qu'elles » valent. Vous vous êtes montré le même dans » toutes les situations. La prospérité n'a pu vous » enfler, ni l'adversité vous abattre. Je ne parle » point de ce temps où, par votre administra- » tion, vous rendiez ce royaume si florissant; » mais depuis que vos champs fortunés vous » comptent au nombre de leurs colons, et » qu'éloigné de la foule et de la multitude, » vous coulez vos jours dans une vie obscure » et dans une douce retraite, que de délices n'y

» goûtez-vous pas ! non pas de ces délices si
» recherchées dans les villes et dans les superbes
» palais des rois, mais de celles dont la race
» chérie des dieux jouissoit sous le règne de
» Saturne.

» Les premiers instans de votre journée sont
» employés à des exercices de piété : vous don-
» nez ensuite quelques heures à des études sé-
» rieuses. Après cela, vous allez parcourir vos
» jardins verdoyans, vous promener dans ces
» allées de pins que vous avez dessinées vous-
» même, ou sous ces cyprès en forme de cône,
» ou bien vous visitez ces platanes si chers à
» Socrate ou ces forêts de lauriers consacrés aux
» muses. Vous vous livrez à cet exercice chéri
» après le souper comme après le dîner.

» Votre table est toujours garnie, malgré
» l'éloignement de la ville, de convives nom-
» breux et choisis. Rien de plus délicieux que
» les repas qu'on y prend. De quels agréables
» propos ils sont assaisonnés ! On en sort tou-
» jours meilleur et plus instruit.

» Telle est, Olivier, la vie excellente et ini-
» mitable que vous menez depuis plusieurs
» années ; personne ne passe dans votre voisi-
» nage qui ne s'écrie : O heureux François !
» vous seul possédez l'art de vivre. Le reste

» des hommes ne sont que des aveugles errans
» au milieu des ténèbres (1) ».

La disgrâce d'Olivier avoit ravi à l'Hôpital l'appui sur lequel il avoit le plus le droit de compter. On lui fit à la cour beaucoup de promesses, dont on ne tint aucune. Il se voyoit réduit à reprendre les fonctions de juge, pour lesquelles il avoit tant de dégoût, lorsqu'une protection à laquelle il ne s'attendoit pas, lui sauva ce désagrément.

Sa réputation avoit percé jusques à Marguerite de Valois, duchesse de Berri. François Ier., son père, l'avoit chargée, en mourant, de continuer aux lettres la protection qu'il leur avoit accordée de son vivant (2). Personne n'étoit plus capable de remplir cette disposition que cette princesse, qui pouvoit être comptée elle-même parmi les gens de lettres les plus instruits. Elle connoissoit à fond la littérature ancienne dont les écrivains formoient sa lecture habituelle. Elle ne quittoit les poëtes et les orateurs que pour se livrer à des études plus sérieuses, telle que celle

---

(1) *Epistol.*, *lib. III*, *p.* 100 *et seq.* Le prénom d'Olivier étoit François.

(2) *Epist. Miscellan.*, *p.* 417.

des philosophes ou des livres saints (1). Son esprit n'étoit pas encore ce qu'il y avoit de plus estimable en elle; on vantoit aussi sa douceur, sa bonté, ses charmes; et, quand elle fut devenue duchesse de Savoie, ses sujets l'appelèrent leur mère.

Il n'est pas étonnant qu'une princesse si accomplie eût désiré de connoître l'Hôpital sur le bien qu'elle en entendoit dire; et quand elle eut vu que la renommée ne lui en avoit point imposé, elle voulut se l'attacher en le faisant son chancelier particulier, et en lui donnant dans sa maison une autorité souveraine (2). L'intimité qui s'établit entre eux ne finit qu'avec leur vie.

Ce fut également à cette époque que l'Hôpital forma les liaisons qui subsistèrent si longtemps entre lui et la maison de Lorraine (3). Le cardinal qui jouissoit à la cour d'un grand

---

(1) *Epistolar.*, *lib. I*, *p.* 23, 64.

(2) *Epist.*, *lib.* 22, *p.* 97; *et. lib. III*, *p.* 135. Pasquier, dans ses Lettres, liv. 22, col. 665, observe que le choix que cette princesse encore jeune fit de l'Hôpital pour son chancelier, fut regardé comme une preuve de l'excellence de son jugement.

(3) *Ibid.*

crédit, chercha à le justifier aux yeux du public en protégeant un homme de ce mérite. De concert avec la duchesse de Berri, il fit *ordonner l'Hôpital chef et surintendant des finances du roi en la chambre des comptes* (1).

Les finances avoient besoin d'un gardien si fidèle. Des abus intolérables régnoient dans leur administration : d'un côté, des dissipations sans mesure ; de l'autre, des malversations sans pudeur. A peine, dit l'Hôpital, le tiers ou le quart de ce que l'on perçoit entre-t-il dans le trésor public (2). Pour faire cesser ces désordres, il rétablit les anciennes lois tombées en désuétude ; il effraie les coupables par des exemples de sévérité, et refuse d'acquitter les dépenses qui ne doivent pas tourner à l'avantage de l'Etat ; ni les menaces, ni les promesses, rien ne fut capable de modérer sa sévérité.

On peut imaginer que de passions une telle conduite dut soulever contre lui. « Cette nou-
» velle manière de défendre le trésor public,
» écrivoit-il au chancelier Olivier, m'a rendu
» odieux aux pillards, incommode pour ceux
» qui étoient en usage de se servir des deniers

---

(1) *Testam. de l'Hôpital.*

(2) *Epist. lib. V. p.* 264.

» publics comme des leurs propres. Ils voient » avec dépit qu'on ne vole plus impunément » comme auparavant, et ils trouvent mauvais » que je fasse rendre exactement les comptes » et rentrer les sommes qu'on a détournées. » D'autres se plaignent que je diffère à la fin » de l'année le paiement des dons qu'ils ont » obtenus. Ils se déchaînent contre moi. Vous » connoissez cette espèce d'hommes qui nous » viennent de la cour, leur avidité, leur ef- » fronterie. Que ferai-je? Dois-je, pour leur » plaire manquer à mes devoirs envers le roi » et la patrie? Qu'on leur accorde ce qu'ils » demandent avec tant d'insolence, et le soldat, » manquant de tout, ravagera nos campagnes » et en pillera les habitans : nos places fortes, » sans armes et sans munitions, seront ouvertes » à nos ennemis.

» C'est en m'efforçant de détourner de pa- » reils malheurs et en servant la chose publique » que je blesse les intérêts de quelques-uns. » Mais on ne vous tient aucun compte de ce » que vous faites pour le bien général; et c'est » un crime inexpiable de nuire en la moindre » chose à l'intérêt d'un particulier. Cependant, » si je cherchois mon propre avantage, il me » seroit aisé d'éviter la calomnie, de m'attirer

» même des louanges et des honneurs dont je » serois indigne, en me rendant complaisant » et facile; tellement il y a des hommes insen» sibles aux maux publics, et aux yeux des» quels l'amour de la patrie n'est qu'un objet » de dérision (1) ».

Une affaire étrangère aux fonctions de l'Hôpital, et à laquelle il eut l'imprudence de prendre part, lui attira quelques désagrémens. On n'a jamais trop su le motif qui porta les ministres de Henri II à bouleverser la constitution du parlement, et à vouloir la diviser en deux sections, qui serviroient alternativement pendant six mois: c'est ce qu'on appela les semestres. On a cru que le but de la cour étoit de composer une de ces sections de magistrats complaisans, qui, pendant la durée de leur service, passeroient tout ce qu'on leur présenteroit. Mais pour faire illusion au public, on employa un moyen qu'on a vu depuis se renouveler bien des fois, celui de vouloir que la justice fût rendue gratuitement : on supprima les épices et on augmenta les gages des juges (2). Les épices

(1) *Epistolar.*, *lib. III*, *p.* 137 *et seq.*

(2) Pasquier, Recherch., *tom. I*, *p.* 69, dit que

modérées et qu'on ne laisse pas à l'arbitraire des juges, sont une des plus sages institutions que le hasard ait produites : car c'est souvent à cette cause, plutôt qu'à la prévoyance des hommes, qu'il faut attribuer le peu de bonnes lois qui ont été faites. Les épices, outre qu'elles font supporter les frais des procès à ceux qu'ils intéressent, servent aussi à exciter le zèle des magistrats laborieux, qui est nécessairement ralenti par un traitement égal et uniforme.

Cependant l'Hôpital fut leurré comme beaucoup d'autres. Il avoit vu avec peine, pendant qu'il étoit au parlement, la cupidité avec laquelle quelques magistrats recherchoient les épices (1). Il crut voir le remède à cet abus dans le nouvel édit. Il s'en montra ouvertement le partisan ; et il se chargea même de répondre aux remontrances du parlement, que le premier président le Maître avoit présentées.

Ce qu'il y a de pis pour un homme de bien qui embrasse un mauvais parti, c'est qu'il sert à le justifier. Les ennemis du parlement ne manquoient pas d'alléguer le suffrage de l'Hôpital,

---

ce fut l'une des plus grandes mutations et traverses qu'éprouva jamais cette cour.

(1) *Epistolar.*, *lib. III*, *p.* 178 *et seq.*

qui, ayant été membre de ce corps, devoit en connoître les vices mieux que personne. Mais ceux qui, choqués de sa sévérité dans l'administration des finances n'osoient lui en faire le reproche, trouvèrent un prétexte spécieux d'éclater contre lui, dans sa conduite à l'égard du parlement, pour lequel on supposoit qu'il auroit dû avoir plus de ménagement : ce fut un déchaînement général.

Il en fut extrêmement affecté, comme on le voit par une épître écrite, pour se justifier, au chancelier Olivier, qu'il sembloit avoir oublié depuis long-temps, et qui, dans sa retraite, se trouvoit étranger au bouleversement qu'on vouloit faire subir à la magistrature.

« Je ne prétends point, Olivier, lui dit-il, » m'excuser d'avoir passé tant de jours sans » vous écrire, tant d'années sans vous voir; » j'aime mieux vous avouer ma faute, à vous » de qui je tiens cependant tout ce que j'ai ac- » quis, tout ce que j'ai jamais mérité de louanges » et d'honneurs. En vous prenant pour modèle » dans les emplois que j'ai occupés, l'on m'a vu » suivre constamment le droit chemin de la » justice, sans céder aux bruits malins de la » ville, sans me soucier des sarcasmes d'un » peuple léger ou d'une cour frivole.

» Cette conduite, il est vrai, m'a fait perdre » des amis, si toutefois on peut donner ce nom » à ceux qui exigent de nous des choses hon» teuses ou injustes. La perte de ces amis simu» lés, fût-elle suivie de quelque dommage, ne » seroit d'aucune considération; il en coûteroit » trop pour les conserver, puisque, pour plaire » aux hommes, il faudroit offenser le ciel; et, » dans cette alternative, le ciel ne doit-il pas » l'emporter » ?

Il loue ensuite Olivier sur sa conduite à la cour et dans sa retraite. Nous avons rapporté plus haut ce passage. Il fait, après cela, l'histoire de sa propre vie, et en vient enfin à l'affaire du parlement.

« Voilà, dit-il, qu'on ressuscite une loi an» cienne qui défend aux juges de prendre des » épices, et de se donner ainsi un double sa» laire (1). On m'a cru l'auteur de cette loi » et j'ai été assailli de toutes les fureurs de l'en» vie. Ce corps illustre n'a vu qu'en frémissant » abolir des droits usurpés depuis si long-temps. » Je ne m'arroge pas tant de gloire. Je n'ai fait

---

(1) Les juges, outre les épices, avoient encore des gages, mais ils étoient très-modiques, surtout dans les derniers temps.

» qu'approuver la noble idée qu'un autre avoit » conçue, et qui devoit rendre à la justice tout » son lustre, à ses jugemens toute leur pureté. » Est-il possible, magistrats, que vous ayez été » autant affectés d'une perte si légère ? Dans » votre aveugle ressentiment, vous déchirez » ceux-mêmes qui en sont innocens. Quoi! les » rapports malicieux de quelques hommes bien » connus par leur méchanceté et par le trafic » honteux qu'ils font de leur place, ont pu vous » porter à offenser, par vos propos et par vos » actions, un ancien collégue! vous faire ou» blier tout à coup une vie sans tache, des » mœurs si souvent et si long-temps éprouvées! » Je vous somme de répondre, vous de qui » ma délicatesse est connue depuis tant d'an» nées ! Levez-vous pour m'accuser, vous qui » avez exercé avec moi les fonctions de juges ! » Faites-moi subir les peines les plus sévères, » si le droit et la justice n'ont pas toujours été » le premier objet de mes soins; si jamais la » haine ou la faveur ont pu me faire fléchir; si » je n'ai pas constamment approché avec un » cœur droit et des mains pures, des autels » sacrés d'Astrée ».

Il s'excuse des éloges qu'il se donne; mais la malice de ses ennemis l'y contraint. Il termine en disant à Olivier qu'il n'ambitionne d'autre suffrage que le sien, de lui qui, en servant le roi et la patrie, n'avoit jamais fait aucun cas de la haine ou de la faveur du public (1).

On trouve, dans le recueil des poésies de l'Hôpital, la réponse qu'Olivier fit en prose latine à l'épître que nous venons d'analiser. C'est, avec un discours dont il sera question ailleurs, tout ce qui nous reste de cet illustre magistrat. Elle n'en est que plus digne d'attention.

Il y garde le silence le plus profond sur l'affaire des semestres; ce qui a fait croire qu'il la désapprouvoit et qu'il s'abstenoit d'en parler, par égard pour l'Hôpital, qui étoit d'une opinion opposée.

Il commence par donner de grands éloges à l'Hôpital sur la beauté de ses vers. Il n'avoit encore rien fait, suivant lui, de meilleur que cette épître. Il loue la candeur, la politesse, les grâces qui y sont répandues (2), l'érudition, les maximes graves qu'elle renferme.

---

(1) *Epistolar.*, *lib. III*, *p.* 132 *et seq.*

(2) Le traducteur de l'Hôpital, *t. I*, *p.* 103 *et suiv.*, après avoir fait dire à Olivier que les vers qu'il a reçus de l'Hôpital sont plus beaux que tout ce qu'il avoit fait jusqu'alors, ajoute : *ils ne sont ni ornés*, *ni polis*, *ni*

« Sa lecture m'a fait éprouver autant de
» plaisir que celle des ouvrages du poëte de
» Venuse (1), auquel je ne sais si vous serez
» trouvé inférieur par la postérité. Sans vou-
» loir prévenir son jugement, l'on peut dire
» que tout est réglé chez vous par la philoso-
» phie chrétienne, source de tous les biens.
» C'est moins cependant la beauté de vos der-
» niers vers qui m'étonne (vos talens me sont
» connus depuis long-temps) que de voir qu'un
» homme aussi prodigieusement occupé que
» vous, les compose avec tant de facilité ».

Olivier s'étend ensuite sur les difficultés de la place de surintendant des finances dans un temps de guerre comme on étoit alors, et sur la vigilance et les soins qu'elle exige de la part de celui qui en est chargé.

« Au reste, ajoute-t-il, je ne saurois vous
» dire quel plaisir m'a fait éprouver cet en-
» droit de votre lettre, où vous me retracez le

---

enjoués, etc. Il faut avouer que ce sont là de singulières beautés et des complimens d'une étrange espèce. Il y a dans le texte : *Candor*, *polities*, *lepos minimùm sunt in illis*. Il a cru que *minimùm* emportoit une négation. Il signifie là *au moins*, *surtout*, etc.

(1) Horace.

» bonheur dont je jouis depuis que, sauvé des » tempêtes et des orages de la cour, je me trouve » dans cet asile paisible, dont je ne voudrois pas » sortir pour toutes les richesses d'Attale. Non, » je ne changerois pas mon champ, quelque » modique qu'il soit, contre le royaume de » Lydie. J'apprends ici à préférer les récom- » penses éternelles à tous les avantages de ce » monde. Je vis pour moi et pour le Christ; » et je brave le plus cruel de tous les poisons, » celui de l'envie. Ce qui me surprend, c'est » que vous ayez tardé jusques à présent d'en » être atteint. Cette hydre ne s'attache guère » qu'aux gens de bien; elle voue surtout une » haine implacable à ceux qui se distinguent » par beaucoup de droiture, dans l'exercice » des fonctions publiques. Ses artifices sont » aussi incroyables que variés, et sa malice est » infatigable. Vous la surmonterez facilement » par votre fermeté et votre amour pour la » justice; car l'innocence est le plus sûr pré- » servatif contre ses attaques.

» C'est un frêle appui que celui de la cour, » des amis vulgaires ou de la faveur populaire. » Il y a pourtant, il faut en convenir, une pru- » dence et une dextérité qu'il n'est pas défendu » au sage d'employer, quand il ne s'écarte pas

» du sentier de la raison et qu'il ne blesse point
» sa conscience, dont le témoignage est la plus
» douce consolation de l'homme de bien, comme
» il est pour le méchant le plus terrible des sup-
» plices. Mais en voilà assez. Puisse le Christ
» augmenter, s'il est possible, cet heureux na-
» turel, cet esprit sincère, ce zèle pour le bien
» public et ajouter encore une longue vie à tant
» d'excellentes qualités (1) ».

C'est ainsi que ces deux hommes s'animoient réciproquement à l'amour de la vertu, au milieu des contradictions que l'injustice des hommes leur faisoit éprouver. Que de tels exemples, et ils ne sont pas les seuls, au moins pour ces temps-là, sont propres à réfuter ceux qui prétendent que la vertu est particulière aux républiques! Où s'est-elle montrée avec plus

---

(1) *Epistolar.*, *lib. III*, *p.* 139 *et seq.* La lettre d'Olivier est du 14 juillet 1554. Quant à l'affaire des semestres, elle fut d'abord décréditée par l'incapacité et l'ignorance des jeunes gens que la vente des nouvelles places introduisit dans le parlement. Le produit de cette vente étoit le fonds sur lequel on prenoit l'augmentation qu'on avoit faite dans les gages des juges; et quand il fut épuisé, l'augmentation ne se paya plus, et au bout de quelques années les choses furent rétablies comme auparavant.

de noblesse et plus de pureté que dans ces deux illustres personnages, qui, dédaignant ou ne songeant pas même à leur intérêt particulier, n'étoient dirigés dans l'exercice des fonctions qu'on leur avoit confiées, que par le sentiment du devoir et la présence de la Divinité, qui devoit leur tenir compte de son accomplissement. Combien surtout de tels hommes doivent paroître extraordinaires dans ces temps de corruption, où un lâche égoïsme ne rapporte ses calculs qu'à lui-même, et ne voit dans les emplois publics, que des moyens de satisfaire la cupidité qui le dévore!

CHAPITRE VI.

CHAPITRE VI.

Pauvreté de l'Hôpital. Il demande une dot pour sa fille. Son attachement pour ses amis. Epître où il leur fait la description de sa campagne et de la vie qu'on y menoit. Autre Epître à Montdoré, pour l'engager à quitter l'étude des mathématiques. Autre à Arnoul Ferrier.

On croira que j'écris un roman, quand j'ajouterai que l'Hôpital, après avoir passé neuf ans dans le parlement et six ans dans l'administration des finances, n'avoit non-seulement pas de quoi marier la fille unique qui lui restoit, mais même de quoi subsister. On le voit réduit à demander des alimens pour lui, ce sont ses expressions, et une dot pour sa fille à la duchesse de Berri et au cardinal de Lorraine, ses protecteurs. Le roi avoit promis la dot, mais cette promesse tardoit à s'effectuer. Il paroît que cette dot devoit consister en une charge qu'on donneroit à celui qui épouseroit la fille de l'Hôpital. Mais il falloit qu'il y en eût de vacantes, et surtout qu'on en avertît à temps pour n'être pas prévenu par un autre. l'Hôpital trouvoit qu'il y avoit toujours des gens plus agiles que lui. « Si la vertu et la beauté suffisoient seules pour plaire aux hommes, écri» voit-il au cardinal de Lorraine, je ne vous » importunerois pas tant par mes sollicitations; » mais une fille sans dot peut-elle trouver un » mari? Nos jeunes gens mal appris redoutent la » pauvreté comme le plus affreux des monstres.... » En attendant, les années s'écoulent et empor» tent les grâces avec elles.... Vous me dites » bien: épiez ceux qui sont prêts à mourir, et » quand ils seront décédés, hâtez-vous de m'en » donner avis; vous êtes assuré de la faveur du » roi et de la mienne, pourvu qu'un autre ne » soit pas plus diligent que vous. Mais quoi, » voulez-vous que j'aille obséder le lit d'un » malade, que je lui souhaite du mal et même » la mort? Je périrois plutôt que de faire des » choses si opposées à mes principes (1) ».

Il fait à peu près les mêmes plaintes à la duchesse. Il se récrie surtout contre les riches qui veulent tout envahir (2).

---

(1) *Epistol.*, *lib. II*, *p.* 98.
(2) *Ibid*, *lib. V*, *p.* 241.

La dot si long-temps attendue et sollicitée vint enfin; il paroît que ce fut une charge de maître des requêtes que l'on donna au gendre de l'Hôpital, qui fut Robert Hurault, seigneur de Belesbât, conseiller au grand conseil (1).

L'Hôpital obtint encore, on ne sait à quelle époque, la terre de Vignay, près d'Etampes, qui lui fut accordée comme dépendant du domaine, sous une redevance assez forte (2). Ce fut la campagne chérie de l'Hôpital; il y rassembloit de temps en temps ses amis. Ils étoient en grand nombre, et l'on compte parmi eux tous les hommes de ce temps qui se distinguèrent par leurs talens et surtout par leurs vertus. L'Hôpital fut constant dans ses attachemens; et les dignités où il parvint ne les lui firent jamais oublier. Plusieurs épîtres écrites dans les dernières années de sa vie sont adressées à des personnes avec lesquelles ses liaisons s'étoient formées dès sa plus tendre jeunesse. Il aimoit à déposer dans le sein de ses amis et ses

(1) Il étoit de la même famille que les Hurault de Chiverni, dont l'un fut chancelier de France.

(2) *Epistol.*, *lib. VI*, *p.* 338. Il possédoit encore la terre de Valgrand, près Juvisi. *Ibid*, *lib. VII*, *p.* 357.

peines et ses plaisirs. C'est toujours à eux qu'il a recours, quand il en éprouve de trop sensibles. Outre les épîtres écrites nommément à quelques-uns d'entre eux, il y en a plusieurs adressées à ses amis en général. Il les leur lisoit sans doute quand ils étoient réunis. La plupart du temps, ce ne sont que des entretiens fictifs où il ouvre son âme toute entière, et dit avec liberté sa pensée sur les maux de l'Etat et sur ceux qu'il croyoit en être les auteurs. Ce sont sans doute les morceaux de ce genre qu'il avoit recommandé à son petit-fils de ne publier, que dans des temps favorables, ainsi que nous l'avons vu plus haut. Voici une de ces épîtres adressées à ses amis, où il leur fait la description de sa campagne de Vignay et de la vie qu'on y menoit.

« Salut à ces chers amis qui, quittant la route » des grandes villes ou des brillans châteaux, » sont venus me visiter dans ma retraite obs» cure. S'ils veulent y rester quelque temps » avec moi, j'espère goûter autant de charmes » à la campagne que j'en ai pu éprouver au» paravant à Paris (1). Amis tendres, que vous

---

(1) On croiroit d'abord que cette épître a été écrite après sa disgrâce. Mais la fin prouve le contraire.

» offrirai-je? Ce n'est point sans doute le luxe » ni les délices de la capitale que vous venez » chercher ici : vous en êtes rassasiés. La modi- » cité de mon champ ne me permettroit pas de » vous traiter d'une manière somptueuse. Les » champs peu étendus d'un maître qui n'est » pas riche, offriront des choses vulgaires à » des convives sobres. Vous y trouverez du » veau, de l'agneau, des cochons de lait, des » pommes, des noix, des féves, des pois, des » navets, enfin du vin que ma femme elle- » même a soigné. Le fermier de la vallée voi- » sine et le marché fameux de Meysse, sur la » colline voisine, nous fourniront le reste (1).

---

(1) C'étoit sans doute dans les occasions extraordinaires que l'Hôpital étaloit cette magnificence; car Brantôme raconte qu'ayant été lui demander à dîner avec le maréchal de Strozzy, « il les fit très-bien dîner « avec du bouilli seulement (car c'étoit son ordinaire » pour le dîner) avec lui en sa chambre ». L'Hôpital étoit cependant alors chancelier de France. Brantôme ajoute qu'ils furent dédommagés de cette maigre chère, par le plaisir qu'ils trouvèrent en sa conversation. « Devant le dîner ce n'estoient que beaux discours, beaux » mots et belles sentences, qui sortoient de la bouche » de ce grand personnage, et quelquefois aussi de » gentils mots pour rire ». *Vie du connétable de Montmorency*.

» Ma maison est assez vaste pour loger le maître
» et trois ou quatre de ses amis. Elle est pro-
» portionnée à l'étendue des fonds. La table
» y sera ornée plus splendidement qu'on a cou-
» tume de le faire aux champs. Ma femme a
» apporté de la ville une salière d'argent,
» qu'elle y rapportera. Nous avons des ser-
» viettes fines, et nos lits ont des couvertures
» de lin. Voyez-vous à deux pas de nous cette
» plantation d'ormes si bien alignés et qui nous
» défendent du soleil : c'étoit un champ à blé
» sous l'ancien propriétaire. Ma femme en ar-
» rivant, en changea la destination; elle l'ajouta
» à la forêt qui l'avoisine, et en augmenta ainsi
» l'ombrage.

» C'est-là où je dirige mes pas dès la pointe
» du jour; dans cette promenade solitaire, je
» compose des vers, ou je lis Horace ou Vir-
» gile, ou bien je promène ma pensée sur des
» choses de peu d'importance, en attendant
» que ma femme m'avertisse que le dîner est
» prêt.

» Si vous aimez la chasse, vous trouverez
» dans le bois bea coup de lièvres qui y errent
» en sûreté, et une grande quantité d'oiseaux
» qui volent à l'entour. Votre ami ne connoît
» pas l'art de leur tendre des piéges; il n'a

» d'autres chiens que ceux qui sont néces-
» saires pour défendre le troupeau; il n'a ja-
» mais su vivre d'aucune espèce de rapine.

» Vous attendez peut-être que je vous dise
» quelles sont les sources et les ruisseaux qui
» arrosent la campagne, et où le berger vient
» se désaltérer avec son troupeau. Un puits
» suffit pour les colons et pour le maître. Mes
» troupeaux boivent les eaux de pluie qu'on
» a ramassées dans des citernes. Pourquoi dé-
» sirerai-je des fontaines et des prés verdoyans?
» Irai-je accroître mon amour pour la cam-
» pagne? Si je n'étois privé de cet agrément,
» l'on me verroit fixer mon séjour aux champs,
» et dire un éternel adieu à la ville, au palais
» et à mes amis (1) ».

Il parle encore ailleurs de la stérilité de sa campagne. « Il n'y a plus, dit-il, d'agréable à voir
» que la vigne. Rien de plus triste que la Beauce
» après la moisson. C'est un champ nud, sans
» bois, sans eau et sans verdure. C'est à regret
» que je fais l'aveu de ces incommodités de ma
» campagne; mais que faire? J'ai choisi Sparte;
» il faut habiter Sparte. Les maisons des Cu-
» rius et des Fabricius ne valoient guère mieux

(1) *Epistol*, *lib. II*, *p.* 130 *et seq.*

» que la mienne. Le vainqueur de Carthage » ne dédaigna pas d'habiter à Linterne. Cette » habitation champêtre devint l'admiration de » la postérité; elle auroit rougi de lui compa- » rer ses campagnes superbes (1) ».

On voit par cette épître, que l'Hôpital quittoit quelquefois avec ses amis le ton grave et sérieux qu'il a presque toujours, et qu'il savoit, quand il le falloit, avoir de l'enjouement et de la gaieté. On s'en apperçoit encore mieux dans une autre qui est adressée à Pierre Montdoré, conseiller au grand conseil, poëte célèbre de ce temps, et qui avoit abandonné tout à coup la jurisprudence et la poésie pour se livrer entièrement à l'étude des mathématiques (2). Il en étoit tellement absorbé, qu'il avoit resté long-temps sans écrire à l'Hôpital, et qu'en lui envoyant le plan très-bien dessiné d'une terre qu'il vouloit l'engager à acquérir, il ne l'accompagnât pas d'une lettre. C'est le sujet des plaintes que l'Hôpital lui adresse.

---

(1) *Epistolar.*, *lib. VII*, *p.* 357. Linterne étoit la maison de campagne du premier Scipion. Elle subsistoit encore dans son état primitif du temps de Sénèque, qui la décrit. *Epistol.* 86.

(2) Voyez la note VII.

« Quelle est donc cette passion subite pour » les mathématiques qui vous empêche d'écrire » à vos amis? Vous les avez oubliés pour ne » plus vous occuper que de cercles et de » cylindres. Quelle que soit la cause de votre » silence, il ne sera point impuni; car pour- » quoi serai-je forcé de vivre sans vous, » ou de souffrir que vous viviez sans moi? » L'éloignement n'empêche point de réclamer » les droits sacrés de l'amitié. Vous avez cru » qu'on pouvoit les violer impunément; cela » ne suffit-il pas pour que je vous fasse une » guerre à outrance, si vous ne revenez de » votre erreur?

» Muse, prépare-moi tes traits les plus pi- » quans, que je me venge, ou qu'il rompe le » silence. Essayons d'abord les plus légers. Il » n'en supportera pas patiemment les premières » atteintes. Je connois depuis long-temps le » caractère et le génie de notre poëte. Tu le » verras trépigner, grincer des dents; il suera, » il demandera ses tablettes. Je sais combien » est féconde et redoutable sa muse dans sa » colère. J'aime mieux courir le hasard d'en être » foudroyé, que de lui voir garder le silence.

» Allons, Muse, ose provoquer ce disciple d'un » sage de Syracuse, déserteur d'Apollon et de

» Thémis, et qui, auparavant gai, éloquent, » doux et poli, est devenu tout à coup triste, » silencieux, sauvage, depuis qu'il s'est épris » d'une science vaine et puérile.

» Qui a pu, ami, opérer en vous un chan- » gement si prompt? Quelle est donc la cause » d'une telle folie? La tête de Méduse vous » auroit-elle métamorphosé en rocher? Ou » Circé vous a-t-elle envoyé du pont quelque » boisson envenimée?.... Si vous en croyez » un ancien et fidèle ami, redevenez sage. Lais- » sez-moi ces sciences obscures et taciturnes, et » qui ne peuvent vous apprendre vos devoirs » publics et privés. Rendez la justice comme » auparavant. Continuez à me procurer la lec- » ture de vos écrits que je prise par-dessus tout; » vous me rendrez l'âme que j'ai presque per- » due, depuis que vous ne m'écrivez plus. Si » vous êtes insensible à mes avis, attendez-vous » à des vers dictés par la colère et par la rage. » Je vous le conseille, préférez les douceurs » de la paix à une guerre si cruelle (1) ».

Dans une autre épître écrite à Arnoul Ferrier, l'Hôpital montre tout l'intérêt qu'il pre-

(1) *Epistolar.*, *lib. II*, *p.* 81.

noit au sort de ses amis, et le désir qu'il avoit de les voir heureux (1).

« J'apprends du Ferrier, que vous allez quit-
» ter Venise et retourner en France. Quelle sera
» donc la récompense des services que vous
» avez rendus à la patrie pendant trois ans, de
» ces talens et de ces vertus qui vous élèvent si
» fort au-dessus de tous ceux qui nous sont
» venus des bords de la Garonne? La reine,
» si elle est bien conseillée, s'occupera de votre
» sort, et vous confiera les premiers emplois;
» mais vous avez à craindre l'envie si puis-
» sante à la cour, et qui poursuit avec tant
» d'acharnement tous les gens de bien.

» Vous direz peut-être que les préceptes di-
» vins vous ont appris à vous élever au-dessus
» de la fortune, et à mépriser le vain faste des
» honneurs humains. C'est très-bien si, lorsque
» vous serez ici, vous persistez dans ces sen-
» timens. Il est bien dur d'avoir à supporter les
» hauteurs de ces gens qui se croient issus de
» la race des dieux, et dont les pères étoient
» ou marchands ou procureurs; ou qui, s'ils
» ont de la naissance, sont tellement dégéné-
» rés, qu'on ne voit plus rien en eux de la

---

(1) Voyez la note VIII.

» vertu de leurs ancêtres. Moi, qu'un long » usage de la cour devroit avoir habitué à leurs » manières, je suis toujours nouveau dans ce » genre d'escrime; je ne puis digérer cette honte, » et je me dépite de ne pouvoir empêcher que » le roi n'en soit environné.

» Je vous entends, vous reprendrez vos fonc- » tions de juge, ou vous retournerez à Padoue, » ville illustre par l'étude du droit, et où se » formèrent les premiers liens de notre amitié, » ou bien vous choisirez une retraite où vous » ne soyez point obligé de faire ce qui vous » répugne, ou de dire ce que vous ne pensez pas.

» Vous croirez vous dérober par-là aux » regards du public et faire oublier jusqu'à » votre existence. Mais ce seroit d'abord une » grande foiblesse de votre part de priver, en » soldat timide, la patrie de vos services; mais » puissiez-vous vous cacher dans la forêt la » plus épaisse ou le vallon le plus écarté, vous » aurez toujours un voisin dont l'importunité » ou l'inquiétude troubleront votre loisir et » votre repos; vous y serez exposé aux vio- » lences des brigands.

» Nul lieu dans le monde ne sauroit procu- » rer aux hommes un repos parfait, pas même » le jardin des Hespérides. Ils ne peuvent le

» trouver qu'en eux-mêmes, et alors ils en » jouissent au milieu des tumultes de la ville.

» Votre vertu est faite pour briller partout » et pour répandre la plus vive lumière, quel» que part qu'elle se présente. Puissé-je pas» ser avec vous les jours qui me restent à vivre, » et rendre l'âme dans le sein d'un tel ami ».

Ces épîtres écrites à diverses époques de la Vie de l'Hôpital, prouvent que ses mœurs et ses sentimens furent constamment les mêmes. Les honneurs ne les changèrent point. En augmentant l'étendue de ses devoirs, ils ne firent qu'accroître son zèle pour les remplir. Sa vertu va paroître sur un théâtre plus brillant, mais aussi elle va être soumise à de grandes épreuves.

CHAPITRE VII.

Mort de Henri II. Rappel et mort du chancelier Olivier. L'Hôpital lui succède. Epître où il trace le plan de sa conduite dans l'exercice de cette dignité. Discours sur l'ambition.

HENRI II meurt après avoir terminé par un traité flétrissant, la guerre imprudente qu'il avoit renouvelée contre l'héritier de Charles-Quint (1). Toutes les factions s'agitent sous son foible successeur, et se disputent à qui dévo-

(1) Traité de Cateau-Cambresis, en 1559. La France, dit le président Hénaut, perdit par cette paix ce que les armes espagnoles n'auroient pu lui enlever après trente années de succès. Ce traité fut généralement désapprouvé. On rendit la Savoie et le Piémont, qui désiroient rester à la France et qu'elle possédoit depuis que François Ier. s'en étoit emparé aux droits de Louise de Savoie sa mère. On crut que Henri II n'avoit fait ce sacrifice que pour procurer un mari à la duchesse de Berri sa sœur, qui devoit épouser le duc de Savoie. Cela fit murmurer beaucoup contre la princesse, et Brantôme rapporte quelques-uns des propos qu'on tint

rera ce règne d'un moment. Les princes Lorrains restés les maîtres, veulent gagner l'opinion publique, en n'appelant à l'administration que des hommes qu'elle honoroit. Ils rappellent le chancelier Olivier. « Heureux, dit l'Hôpital, s'il n'avoit pas consenti à reprendre le » rang dont il avoit été dépouillé, et à ne pas » se rejeter dans les orages de la cour (1) ».

Ce magistrat affoibli par l'âge, et ayant perdu par une longue inaction l'habitude des affaires, n'étoit guère propre à soutenir sa réputation passée, au milieu du choc de tant de passions. « Il s'apperçut bientôt, dit le président Hé» naut, qu'on l'avoit rappelé à la servitude » plutôt qu'à la libre fonction de la première » charge de l'Etat, et qu'on vouloit se servir de » sa réputation pour autoriser les injustices » dont on le forceroit d'être le ministre ». Il mourut de chagrin quelque temps après.

Quant à l'Hôpital, le cardinal de Lorraine le fit entrer au conseil privé. Mais par un des articles du traité de Cateau-Cambresis, la duchesse de Berri, sa bienfaitrice, devant épouser

---

à cette occasion et qu'il avoit sans doute ramassés dans des corps-de-gardes.

(1) *Epistolar.*, *lib. VI*, *p.* 336.

Philibert - Emmanuel duc de Savoie, il fut chargé d'aller conduire cette princesse en Piémont. Il a décrit son voyage depuis Blois jusqu'à Nice, dans une très-longue épître à Jacques du Faur. Il y remarque ce qu'il avoit trouvé de plus curieux dans chacune des villes par où il passa, et les divers accidens qui eurent lieu pendant cette longue route. L'Hôpital la fit sur une mule, monture ordinaire des magistrats de ce temps, comme nous l'avons vu ailleurs; les dames de la suite de la princesse étoient à cheval; il y avoit cependant des voitures, dont le mauvais état des chemins devoit rendre l'usage difficile.

L'Hôpital ne fit pas un long séjour en Piémont; la mort d'Olivier ayant fait vaquer la dignité de chancelier, il fut nommé pour remplacer son ami.

Lorsqu'il avoit été question de donner un successeur à Olivier, Catherine de Médicis s'étoit trouvée dans une grande perplexité. Le choix d'un chancelier étoit d'une extrême conséquence, au milieu de la fermentation générale, qui suivit la découverte de la conspiration d'Amboise. Pour prévenir les excès auxquels tous les partis étoient sur le point de se porter, il falloit un homme qui leur

fût

fût étranger, et qui employât, à les contenir, l'autorité dont il seroit revêtu. Catherine hésita quand on proposa l'Hôpital; ses anciennes liaisons avec la maison de Lorraine le lui rendoit suspect; mais Jacqueline de Lonvie, duchesse de Montpensier, dissipa toutes ses incertitudes, en peignant l'Hôpital comme le seul homme qu'elle connût, en qui l'amour de son pays dominât toutes les affections particulières. L'événement justifia le jugement de cette princesse, qui joignoit une rare pénétration à une grande élévation de caractère. Le ministère de l'Hôpital qui dura huit ans, ne fut qu'une lutte continuelle de sa part, contre les factieux qui vouloient envahir le pouvoir, et qui semoient la discorde pour y réussir. Jamais on ne montra tant de constance et de fermeté, pour arrêter les complots des méchans, défendre de leurs atteintes l'autorité royale, et la faire servir au maintien de l'ordre, et à l'avancement du bonheur public. Lorsque ses efforts furent devenus impuissans, il crut sa mission finie, et il céda aux factieux, en se retirant non en vaincu, mais en vainqueur, comme le dit le président de Thou, en employant les expressions même de l'Hôpital.

Notre intention n'a point été d'entrer dans tous les détails de sa vie politique; on les trouve partout. Nous nous sommes seulement proposé de faire connoître, d'après ses écrits, son noble et sublime caractère. Pour suivre notre plan, nous allons analiser ici une longue épître adressée à ses amis, et où il leur rend compte de ses principes, des obstacles qu'il rencontre, et des factions qu'il a à combattre. C'est une espèce de dialogue, où l'on voit, d'un côté, les motifs qu'on lui allègue pour le porter à changer de conduite, et de l'autre, ceux qui l'engagent à persister (1).

« La plupart des gens, dit-il, m'accusent d'être » un homme dur, intraitable, de ne mettre au- » cun soin à gagner et à m'attacher les cœurs, » comme si j'étois sûr de ne jamais quitter le » rang suprême où je suis élevé. Cependant des » exemples fréquens, et dont quelques-uns ne » sont pas bien anciens, prouvent qu'on peut » en descendre à la fleur même de son âge, » et malgré l'adresse qu'on emploie à s'y main- » tenir.... Rien de plus changeant que la fa- » veur des rois, et de plus glissant que le faîte » des honneurs. Cela ne devroit-il pas suffire

(1) *Epistolar, lib. VI, p. 297 et seq.*

» pour dégoûter un homme raisonnable du
» projet d'acquérir une vaine réputation de
» civisme et d'intégrité, au prix des inimitiés
» particulières, et des funestes effets qu'elles
» peuvent avoir. Quoi de plus insensé de ne
» retirer que ce triste salaire des soins que l'on
» prend pour la chose publique, et de ne rien
» faire pour soi ou pour ses amis ? Il y a un
» terme dans la vertu même; elle devient vice
» si elle est excessive. Tel on vit autrefois
» Caton à Rome troubler sa patrie et y cau-
» ser de grands désordres, par une sévérité
» déplacée. . . . .

» Le premier talent d'un pilote est de savoir
» quelquefois s'abandonner aux vents, et de
» ne pas s'obstiner à résister à une mer ora-
» geuse.... A quoi sert de s'épuiser à gravir
» une montagne, au sommet de laquelle il est
» impossible d'atteindre, ou à défendre une
» citadelle qui ne peut tenir ? il n'y a pas moins
» de folie à résister aux favoris du roi. Quel-
» que connoissance qu'un acteur ait de son
» art, il ne passera jamais pour bon, s'il ne sait
» approprier ses talens au rôle qu'il a à rem-
» plir. On connoît ce vieux proverbe : qui ne
» sait à propos dissimuler, mentir, tromper
» les rois par ses flatteries, qu'il s'éloigne bien

» vite de la cour, et aille rejoindre ses rus-
» tiques foyers.

» En effet, le bien public est-il autre chose qu'un vain nom? A quoi sert tout le zèle que vous mettez à le maintenir, qu'à vous rendre désagréable au roi et à beaucoup d'autres. C'est une ombre que vous poursuivez, comme celui qui brûloit pour une statue, ou celui qui embrassoit un nuage, au lieu de Junon. C'est négliger mal à propos le présent pour ne se repaître que de chimères.

» A peine peut-on fixer quelques instans la faveur mobile des rois par la souplesse et la complaisance! La vertu leur est souvent odieuse : un front trop sévère leur paroît une censure de leurs discours, ou une condamnation de leurs moeurs. On ne sauroit leur plaire qu'en déguisant ses sentimens et son visage. C'est par des considérations de cette espèce et d'autres, que je pourrois ajouter, dit l'Hôpital, qu'on voudroit intimider l'esprit d'un sage, le tirer des sentiers de la raison, afin qu'oubliant sa dignité il se souillât par des actions déshonnêtes.

» Mais quoi qu'on en dise, je ne suis pas né d'un rocher, ni sorti des glaces des Alpes; je suis de la même espèce que les autres hommes :

» j'éprouve les mêmes sentimens qu'eux, la
» crainte, le désir, la joie, la tristesse.

» Qui chérit ses amis plus que moi? Ai-je
» déclaré la guerre aux hommes, et me voit-
» on, comme Timon, fuir leur aspect et
» me cacher dans les champs? Je n'ai, de
» différends avec personne; le barreau ne
» retentit point de mes querelles. Honnête en-
» vers mes amis, affable pour ceux qui vien-
» nent me voir; doux et compâtissant pour
» ceux qui me servent; je n'offense personne
» par ma morgue, ni ne l'opprime de mon
» pouvoir.

» La patrie en me confiant les fonctions que
» je remplis, n'exige-t-elle pas de moi dans leur
» exercice une fidélité égale à celle d'un tu-
» teur? Quoi! je devrois souffrir qu'on trom-
» pât un roi dans l'enfance, et qu'on le dé-
» pouillât insolemment de ses prérogatives, de
» manière qu'il ne lui restât bientôt qu'un vain
» titre? Oh! mille fois plus heureux celui
» à qui l'on n'oseroit jamais rien demander
» d'injuste et de honteux et dont l'aspect sévère
» suffiroit pour imposer silence à l'injustice!
» Oui, sans doute, c'est un crime dans un ser-
» viteur de cacher à son maître le danger qui
» le menace, une perfidie dans un tuteur de

» trahir la cause de son pupille; dans un ami
» de ne pas défendre son ami absent; mais le
» devoir envers la patrie et envers le roi, est
» encore supérieur à tous ceux-là; employer
» contre eux la fraude ou la violence, ne pas
» exposer sa vie, s'il le faut, pour prévenir
» les maux dont ils sont menacés, c'est le der-
» nier des crimes. Ainsi pensèrent autrefois
» quelques citoyens à Athènes et à Rome; tels
» on en trouveroit dans notre histoire, si le
» souvenir des choses passées nous avoit été
» transmis par des écrivains capables d'en per-
» pétuer la mémoire. — Mais un sage ne doit-il
» pas conserver les honneurs et la faveur des
» rois, et ne les abandonner que quand la force
» l'y contraint? — C'est au fond une perte lé-
» gère. Ce que l'on prend pour l'honneur n'en
» est souvent que l'apparence, puisqu'on le
» donne et qu'on l'ôte indistinctement aux bons
» et aux méchans, sans distinction d'âge, de ta-
» lent, de naissance. La vertu n'est pas sujette à
» de tels changemens; elle est toujours la même;
» plus on tente de la déprimer, plus elle s'élève;
» et, foulant avec fierté tout ce qui se présente
» sous ses pas, elle porte jusques aux astres sa
» tête révérée.....

» — La gloire que donnent la sagesse et les

» talens, a sans doute son prix; mais vaut-elle » celle d'un homme en place, dont on peut dire » qu'il est doux et facile à accorder ce qu'on » lui demande, et que jamais personne ne se re- » tire mécontent d'auprès de lui? — Oh! la » belle réputation pour un sage! ainsi on loue » un jeune libertin prodigue de son patrimoine; » j'aime bien mieux encore un magistrat hau- » tain et rigide observateur des lois, que tous » ces hommes complaisans qui, se prêtant à » toutes les variations de la fortune, ont tou- » jours les yeux tournés vers elle, comme cette » plante qui suit constamment les rayons bril- » lans du soleil.

» Pour moi, je l'avoue, je n'affecte point une » vaine popularité. Je ne suis cependant pas » d'un abord difficile pour ceux qui ont affaire » à moi, et j'écoute avec patience ce qu'ils ont à » me dire. Mon temps est tout entier aux affaires » publiques; si elles me laissent quelques mo- » mens de libre, je les donne à l'étude ou à » mes amis. Je ne m'inquiète pas beaucoup de » mes affaires domestiques; j'en laisse le soin à » ma famille et à mes gens. J'accorde avec sa- » tisfaction ce qui est juste et raisonnable; je » ne cherche point alors à économiser les de- » niers du roi et à frustrer la vertu et le mérite

» des récompenses qui leur sont dues (1); je » n'éprouve que trop de chagrin de les voir em» porter souvent par des hommes qui en sont » indignes.

» Mais il y a tant de demandes injustes, que » les refus doivent être fréquens. S'il falloit se » prêter à tous les désirs, on manqueroit conti» nuellement au roi et à la patrie, et peut-être à » Dieu même. On ne sauroit cependant servir » long-temps Dieu et les hommes; il faut néces» sairement opter : l'amour du ciel et de la vraie » vertu l'emporte auprès de moi sur les avan» tages les plus précieux que les hommes pour» roient me faire. La récompense, pour être » tardive, n'en sera pas moins sans prix.

» Vous devez, me dit-on, exécuter les ordres » du roi. Mais s'il veut une chose dans un mo» ment, et qu'il s'en rétracte ensuite quand il y » aura bien pensé; une volonté durable réfléchie » ne doit-elle pas prévaloir sur une volonté pré» cipitée? Ne vaut-il pas mieux s'exposer à un » ressentiment passager de sa part, qu'aux re-

---

(1) Il paroît par cette épître que le chancelier avoit alors quelque inspection sur les finances. Les fonctions de ministres n'étoient pas séparées, comme elles l'ont été dans les derniers siècles.

» grets que lui causeroit une action, dont il vien-
» droit à se repentir? Je suis donc inébranlable.
» Quoi qu'il puisse arriver, je servirai le roi
» malgré lui-même, dût-il n'en avoir aucune
» reconnoissance.

» Tels sont mes principes : qu'on cesse de me
» reprocher la roideur de mon caractère, la sé-
» vérité de mes habitudes et les défauts de mon
» âge. Si je voulois dissimuler et laisser relâcher
» le frein des lois, que d'amis je me ferois!
» que de vœux l'on formeroit pour ma prospé-
» rité ! Combien d'offres séduisantes m'ont été
» faites par des hommes puissans! En les accep-
» tant, mes richesses auroient bientôt égalé celles
» de Crassus; j'en aurois joui avec impunité,
» agréable aux grands et au roi lui-même.

» Mes enfans, ma femme, mes amis qui voient
» leur principale ressource dans le rang que
» j'occupe, me sollicitent aussi à être moins in-
» flexible. Je suis à leurs yeux un insensé, pour
» ne savoir pas profiter du vent favorable de
» la fortune; et je dois, suivant eux, me repen-
» tir un jour de ma folie, quand il ne sera plus
» temps de la réparer. Ils me mettent sans cesse
» devant les yeux l'exemple de mes prédéces-
» seurs, dont la plupart se sont occupés des in-

» térêts de leur postérité, et lui ont laissé des
» fortunes immenses.

» Quant à ma famille, je saurai bien la con-
» tenir et l'empêcher de rien exiger de moi d'in-
» juste ou de honteux. Mais pour ces grands qui
» se croient descendus de la race de Priam, il
» n'est pas aussi facile de les gouverner et de les
» ramener sous le joug de la raison; ils préten-
» dent avoir des droits différens des autres, et
» que les lois ne sont pas faites pour eux. Ils ne
» connoissent pas d'autre arbitre que la force
» ou le fer; ils trouvent juste tout ce qu'ils dé-
» sirent; nulle distinction pour eux entre le
» sacré et le profane, le public et le privé.

» La noblesse, en un mot, ne se croit distin-
» guée du reste de la nation, qu'autant qu'elle
» vit dans l'oisiveté, affranchie du joug des lois
» et de la crainte de la justice; qu'elle pille ou
» égorge impunément et provoque la Divinité
» par ses blasphèmes.....

» Jugez d'après cela quelle est la différence
» qu'il y a entre moi et les gens de cette espèce.

» La paix, ce doux présent du ciel, est plus
» redoutable pour eux que les ennemis mêmes;
» ils voudroient violer tous les traités, abolir les
» jugemens et les lois. Nul souci chez eux pour
» le bien public : leur intérêt seul les occupe;

» ils verroient la patrie et le roi aux abois, qu'ils
» ne viendroient point à leur secours.

» Je chéris au contraire la paix, et je redoute
» la guerre civile, comme ce qu'il y a de plus
» pernicieux pour l'État. Je défends de tout mon
» pouvoir les édits du roi et la constitution de
» mon pays. J'abhorre des tyrans armés contre
» les lois et la justice. Je confonds mes intérêts
» avec ceux de ma patrie, et je suis bien résolu
» de braver tous les dangers pour son salut, et
» de ne pas survivre à sa chute... Est-il étonnant
» que, quand il existe une si grande différence
» dans nos mœurs, il y en ait une totale dans
» nos opinions? Nous ne pouvons nous souffrir
» mutuellement..... Ils voient bien que, tant que
» j'existerai, ils ne pourront renverser le trône
» et exécuter leurs coupables projets (1) ».

Tel étoit le courage et le patriotisme que l'Hôpital portoit dans la lutte qu'il avoit à soutenir. Ce qui l'inquiétoit le plus, c'étoient les dispositions qu'il appercevoit dans les esprits, l'insouciance du grand nombre, l'ambition de quelques-uns, l'hypocrisie et le fanatisme des autres, qui cherchoient également à satisfaire leurs passions particulières, au milieu des mal-

---

(1) *Epistol., lib. VI, p. 297 et seq.*

heurs publics; aveugles, qui ne voyoient point qu'ils seroient également entraînés dans un bouleversement général. C'est à ce sujet que l'Hôpital composa un discours sur l'ambition et ses funestes effets, dont voici la traduction:

« Tel que celui qui, précipité d'un toît ou
» d'un rocher, ne peut s'arrêter dans sa chute,
» et vient se briser la tête sur le pavé, tel celui
» qui s'élance sur le char de l'ambition, n'est
» pas toujours le maître de s'arrêter dans sa
» course; et, porté malgré lui plus haut qu'il ne
» désiroit, il éprouve le sort d'Icare.

» Il faut avoir peut-être quelque indulgence
» pour ce désir de dominer, qui est le propre
» des grandes âmes, pour cet élan sublime qui
» les porte sans cesse à s'élever, et qui ne leur
» permet de n'avoir ni égal ni supérieur; mais
» si elles veulent voler trop haut, détrôner le
» maître même du ciel, et s'arroger les honneurs
» qui lui sont dus, bientôt frappées de la fou-
» dre, elles expieront leur témérité.

» Mais à quoi sert de parler de Dieu? Ce n'est
» plus pour nous qu'une chimère. La cour et
» la ville ne sont-elles pas remplies de disciples
» d'Épicure, qui assurent qu'il n'y a point de
» dieux, ou que, s'il en existe, ils ne se mêlent
» point des affaires des hommes? On professe

» impunément ces opinions parmi nous; et ce-
» pendant, laissant ces anciens ennemis de nos
» lois, la division s'est mise parmi nous, et nos
» poignards se sont tournés contre nous-mêmes.

» Le Christ est notre maître et notre Dieu
» commun; mais on ne l'honore qu'en paroles.
» On ne s'occupe de la religion que par le profit
» qu'on espère d'en retirer. Vous seriez bientôt
» délaissé, seigneur, si vous étiez nu et indi-
» gent. Que de gens cependant qui se vantent
» de combattre pour vous et de n'épargner rien
» pour étendre votre empire!

» Imposteur! comment as-tu pu croire de
» faire illusion, par tes discours, à ceux qui
» te connoissent? La religion est dans ta bou-
» che, mais tes actions démentent ton langage.
» Si quelqu'un te répondoit de ton revenu, et
» t'en assuroit la jouissance en paix, comme en
» guerre, peu t'importeroit que les temples tom-
» bassent en ruine et que la religion fût foulée
» aux pieds. L'argent, voilà ton Dieu (1).

» Mais le tendre amour de la patrie, l'aver-
» sion pour ces novateurs ennemis des rois et des
» hommes, qui veulent renverser l'antique édi-
» fice de cet empire, la fidélité que j'ai vouée à

(1) L'on n'a pu découvrir dans les Mémoires du temps à qui cette apostrophe s'adressoit.

» Dieu et à mon prince, m'ont détourné de mon
» sujet.

» Pour y revenir, je conseille à chacun d'être
» content de son sort et de ce qu'il possède; de
» ne point s'engager témérairement dans une
» profession pour laquelle il n'a pas la vocation
» ou les talens convenables, ou qui n'est point
» honnête. Une fois qu'on a choisi, il faut, quoi
» qu'il arrive, persister dans sa résolution. Si
» des séculiers veulent se mêler des choses sa-
» crées, ou des prêtres des choses profanes, c'est
» une impiété égale. Le pire encore, est si les
» uns ou les autres s'occupent d'accumuler les
» maux parmi les hommes, ou se plaisent à voir
» répandre leur sang, s'ils tentent de boulever-
» ser leur patrie, d'en changer les institutions
» et le gouvernement; ce ne sont plus que des
» monstres, qui ne conservent d'humain que la
» figure. Voilà cependant ce que les Français
» voient et supportent, eux dont la vertu anti-
» que les maintenoit libres sous leurs rois, et
» les portoit à venir au secours de tous ceux
» qui se trouvoient dans l'oppression. Mais alors
» l'honneur étoit l'aliment de leurs âmes; une
» cupidité honteuse ne les avoit point encore
» corrompues.

» Qu'on y prenne garde cependant; il n'est

» pas aisé de revenir sur ses pas, une fois qu'on
» est trop avancé. En vain ceux qui sont enfon-
» cés dans la boue tenteroient de s'en retirer,
» ou voudroit-on arrêter un incendie, quand il a
» fait de trop grands progrès (1) »?

Il remarque encore ailleurs le changement funeste qui s'étoit opéré dans les moeurs de la nation. Tous les ordres, dit-il, sont corrompus. On ne retrouve plus chez les Français cette loyauté ancienne, cet esprit chevaleresque, qui animoit tous les cœurs de sentimens nobles et élevés, et les enflammoit de l'amour de la patrie. « A peine comptons-nous huit lustres
» depuis la mort de Louis XII; on diroit qu'il
» s'en est écoulé mille, tellement nous différons
» de ces hommes qui employoient tous leurs
» soins à conserver l'héritage de leurs aïeux, qui
» savoient mettre un frein à leurs désirs, un
» terme à leurs dépenses, et, contens de ce qu'ils
» avoient, ne désiroient rien au-delà, et ne
» suscitoient point à leurs voisins de procès in-
» justes. On les voyoit dans les camps chercher
» à s'illustrer par leurs exploits; jamais à la
» cour pour capter la bienveillance des hommes

(1) *Epistolar, lib. VI, p. 314 et seq.*

» puissans, ou la faveur du roi par leurs adu-
» lations (1) ».

Des factions au contraire s'étoient formées parmi les grands pour envahir le pouvoir, détruire le trône et s'en disputer les débris. Leurs divisions remplissoient la France de tumulte et de désordres. La foiblesse du roi et de son administration favorisoit les projets des factieux. « Chaque chose a son terme, dit l'Hôpital ;
» non-seulement les individus périssent arrivés
» à leur caducité, mais aussi les villes et les em-
» pires. Est-ce par une fatalité qui y soit atta-
» chée, ou par une force supérieure qui les
» entraîne ? Que sont devenus tant d'états, qui se-
» roient entièrement inconnus, si l'histoire n'en
» avoit conservé quelque souvenir ? L'avarice
» et l'ambition sont les indices les plus communs
» de la chute des empires; Rome et Sparte l'é-
» prouvèrent autrefois. Enflammés par ces pas-
» sions, nos grands ont saisi le premier prétexte
» qui s'est présenté de piller les villes, les
» campagnes, et de dépouiller les églises; ils
» n'en ont pas trouvé de plus spécieux que celui
» de la religion. Mais combien il est faux ! La
» religion peut-elle être la cause de tant de

(1) *Epist.*, *lib. IV*, *p.* 192.

» désordres ?

» désordres? a-t-elle jamais commandé le meur-
» tre, l'incendie, le vol, les rapines? Croyons-
» nous que Dieu emploieroit de tels défenseurs,
» et qu'il avoueroit pour ses soldats des hommes
» souillés de toute sorte de crimes? Il n'est
» peut-être que trop vrai que le terme assigné à
» la durée de cet empire, qui fleurit depuis
» douze siècles, est expiré, et qu'il va subir, en
» succombant sous ses propres vices, le sort
» commun de tous les autres. Pour en accélérer
» la chute, le gouvernail de l'état se trouve
» entre les mains d'une femme et d'un enfant.
» On méprise dans l'un le sexe, dans l'autre la
» jeunesse. La France a autant de rois, pour ne
» pas dire de tyrans, qu'elle a d'hommes puis-
» sans. Non-seulement le désordre est dans la
» cour, mais de simples soldats osent empiéter
» le pouvoir et mépriser les ordres de leurs chefs.
» Pour aggraver les maux de la patrie et achever
» de la désoler, on appelle dans son sein de fé-
» roces étrangers (1). Nous voyons cependant
» d'un œil indifférent des malheurs qui font
» horreur aux barbares mêmes (2) ».

---

(1) Chaque parti appeloit à son secours des Allemands, des Espagnols, des Italiens, etc.

(2) *Epist. Miscellan*, *p.* 439. Lanoue, dans ses dis-

Il étoit au-dessus des efforts d'un seul homme de résister à un tel état de choses. L'Hôpital fit cependant tout ce qui étoit en lui pour l'améliorer. Au milieu des troubles civils, dit le président Hénault, il faisoit parler les lois qui se taisent pour l'ordinaire dans ces temps d'orage et de tempête; il ne lui vint jamais dans l'esprit de douter de leur pouvoir; il faisoit l'honneur à la raison et à la justice, de penser qu'elles étoient plus fortes que les armes mêmes, et que leur sainte majesté avoit des droits imprescriptibles sur le cœur des hommes, quand on savoit les faire valoir (1).

L'expérience le détrompa. En vain il voulut comprimer les factions, raffermir le gouvernement, réformer les abus qui s'étoient introduits dans l'Eglise et dans la magistrature, fonder l'ordre public sur de bonnes lois; le torrent de la corruption fut le plus fort.

Les guerres civiles que les efforts de l'Hôpital ne purent empêcher d'éclater, et qui, calmées quelquefois par ses soins, recommen-

---

cours politiques, attribue aux mêmes causes les malheurs de la France. Il la croit, comme l'Hôpital, arrivée à son terme fatal.

(1) Abrégé chronol., ann. 1568.

çoient avec plus de fureur, firent de la France le théâtre des plus affreux désordres.

Il en fait la peinture dans plusieurs endroits de ses poésies (1); mais nous ne retracerons point ici ces tableaux affligeans. La source du mal étoit dans l'ambition des différens partis qui s'étoient formés, et dans l'acharnement qui régnoit parmi eux. L'Hôpital auroit voulu donner assez de force à l'autorité royale pour les comprimer tous; mais que faire d'un enfant et d'une reine volage, qui fomentoit souvent les divisions par sa légèreté ?

---

(1) Voyez entre autres, p. 293, 414, 453, 472.

CHAPITRE VIII.

Tolérance de l'Hôpital. Ses motifs. Epître à ce sujet au cardinal de Lorraine. L'Hôpital s'oppose à la réception du concile de Trente. Commencement de sa disgrâce. Discours aux Parisiens sur les bruits qui couroient sur son compte. Sa retraite à Vignay.

Les querelles de religion étoient sans contredit une des principales causes des malheurs de la France. Ceux qui vouloient troubler l'Etat en avoient fait habilement le voile de leurs projets ambitieux. L'Hôpital qui n'écoutoit que la voix de la raison et du bien public, s'apperçut de bonne heure que le seul parti qui restoit à prendre à l'égard des protestans, étoit celui de la tolérance. Il accordoit bien qu'il ne falloit qu'une religion dans un Etat, mais quand une fois une religion nouvelle y avoit acquis un grand nombre de partisans, il ne restoit d'autres partis à prendre à leur égard que de les exterminer par l'épée, ou de les chasser du royaume. Ces deux moyens, surtout le premier, faisoient horreur, outre que l'exécution n'en étoit pas facile; les supporter sans leur permettre l'exercice de leur religion, c'étoit les conduire à l'athéisme (1). Tous ceux qui comptoient tirer parti de ces divisions pour leur intérêt particulier, ou qu'un faux zèle pour la religion ancienne du royaume aveugloit, ne vouloient entendre ces raisons. L'Hôpital auroit désiré surtout que le concile de Trente, pour ramener les protestans par la persuasion plutôt que par la force devenue désormais impraticable, montrât quelque condescendance à leur égard, et qu'en respectant le dogme, il supprimât dans le culte extérieur les cérémonies pour lesquelles ils montroient le plus de répugnance. C'est le sujet d'une épître qu'il écrivit en 1563 au cardinal de Lorraine, qui se trouvoit alors au concile de Trente.

Ce concile que nous avons laissé dans l'inaction à Bologne, fut rétabli à Trente par Jules III. Mais bientôt redoutant l'influence que les protestans, soutenus par Charles-Quint, pouvoient y avoir, ce pape le suspendit de nouveau. La crainte qu'on ne tînt en France un concile national, ainsi qu'il en fut question dès les

(1) Pasquier, lettr., liv. IV, colon. 92.

premières années du ministère de l'Hôpital, força Pie IV à rétablir celui de Trente. Les évêques de France qui n'avoient point assisté aux sessions précédentes, se rendirent à cette dernière convocation, ayant à leur tête le cardinal de Lorraine. L'Hôpital, dont l'intimité avec ce prélat n'avoit jusque-là éprouvé aucune atteinte, lui adressa une épître des plus éloquentes, et par laquelle il vouloit l'engager, tandis que son frère terminoit la guerre par les armes (1), à tâcher d'en couper lui-même les racines, par cette piété et ces talens, qui lui avoient mérité, dit-il, tant de gloire devant Dieu et devant les hommes. « Ce seroit » une folie d'imaginer que l'on peut détruire » par la force la division qui existe dans les » esprits. Faites périr quelques-uns des nova- » teurs, la terre fertilisée par leur sang en re- » produira des milliers. Vous parviendrez peut- » être à les empêcher de s'assembler, et de fré- » quenter publiquement leurs temples; mais le » feu, pour être concentré, n'en deviendra que » plus violent: il fera à la fin une explosion, et » il causera un incendie, dont les flammes

(1) Le duc de Guise, frère du cardinal, commandoit l'armée royale contre les Protestans.

» s'éleveront jusqu'aux astres. Ne croyez cependant pas que je veuille blâmer la guerre qu'on leur fait, ni accuser qui que ce soit de folie, de mauvaise intention, ou de cruauté envers la patrie. Ce n'est point ce dont il s'agit; c'est un sujet trop vaste, et je n'ai ni le temps, ni le loisir de le traiter à présent. Il me suffit de prouver que le remède qu'on emploie, n'est pas celui qui convient au mal qui nous tourmente. Le fondateur de notre religion ne nous ordonne-t-il pas d'aimer la paix, et de nous abstenir de toute violence? Ne nous a-t-il pas appris, par sa mort, à supporter avec patience les tourmens, les mépris et la perte même de la vie? A-t-il jamais entrepris d'intimider quelqu'un par les menaces ou par la force? Ne s'est-il pas attaché plutôt à gagner les cœurs par la douceur de ses paroles? Le fer peut-il agir sur l'âme, qui est toute esprit? En vain tenteroit-on de la convaincre par ce moyen? La crainte d'un supplice imminent forcera la langue à se taire, et peut-être à mentir; mais les sentimens intérieurs ne changeront point, et ils se manifesteront au-dehors, quand il n'y aura plus de danger à le faire.

» Lors même que la religion seroit l'unique cause de nos troubles, et qu'elle seule feroit

» sonner la trompette, pour nous appeler au » combat, nous serions dans l'erreur de croire » que cela est agréable à Dieu. La guerre, heu- » reuse ou malheureuse, ne rend personne » meilleur; elle fait perdre aux hommes la » crainte de Dieu, en les entraînant dans toute » sorte d'excès. Ils se moquent du ciel et de » l'enfer; la licence est sans borne, parce que le » frein des lois est brisé, et que l'autorité des » magistrats est sans force ».

L'Hôpital fait ensuite un tableau très-énergique des désordres occasionnés par la guerre civile, des meurtres, des pillages, des incendies, de toutes les horreurs qui en sont la suite. « Nul » parti, ajoute-t-il, n'est exempt de reproche. » Croyez-vous que nos catholiques se soient » toujours abstenus de ravir l'argent ou l'or qui » décorent les autels et les églises? Je parle des » nôtres, car l'on sait bien que les autres ont » souillé le sanctuaire du sang des prêtres, qu'ils » ont violé les tombeaux des morts, dispersé » leurs ossemens, pour avoir le plomb de leurs » cercueils. Ces forfaits, tristes résultats des » guerres civiles, ont perverti entièrement nos » moeurs et nos habitudes; toute crainte de Dieu » a disparu, et cependant chaque armée croit » combattre pour défendre ses droits, ou du » moins veut le faire croire ».

L'Hôpital revient encore à la douceur de l'Évangile; il rappelle que les anciens conciles n'établirent jamais que des peines spirituelles contre les hérétiques.

« Mais à quoi bon écrire tant de vers; vous » fatiguer à les lire, et moi perdre à les compo- » ser, un temps que je pourrois beaucoup » mieux employer? J'avois cessé d'en faire de- » puis long-temps, lorsque l'envie m'en a repris » tout à coup; j'ai profité du loisir que me » donne l'absence de la reine. Je me suis flatté » qu'ils seroient accueillis avec cette indulgence » que vous montriez pour ceux que je vous » adressois dans des temps plus heureux. J'ai » été surtout engagé à vous écrire, par la vue » de nos maux présens, bien plus graves encore » que ceux dont vous avez pu être témoin. Que » ce ne soit pas en vain que vous ayez fait un » voyage si pénible; que vous ayez quitté votre » patrie aux abois; tenez la promesse que vous » avez faite de détruire cette peste, qui ravage » l'Église depuis si long-temps (1) ».

Le cardinal de Lorraine, qui avoit sur les matières ecclésiastiques des opinions tout à fait françaises, étoit parti pour Trente, dans le

(1) *Epistolar.*, *lib. VI*, *p.* 290 *et seq.*

dessein de se servir de l'influence que lui donneroient son rang et ses talens, pour opérer dans l'Église la réforme de beaucoup d'abus, qui étoit désirée par tous les catholiques éclairés. Rien n'égale aussi la terreur que son arrivée au concile et celle des autres évêques français, causèrent à Rome; mais les projets du cardinal, dont l'exécution auroit épargné peut-être à la France bien des calamités, furent déconcertés par un événement imprévu. Le duc de Guise, son frère, fut assassiné en faisant le siége d'Orléans. Le cardinal, atterré par un attentat qu'on attribuoit aux protestans, et particulièrement à l'amiral de Coligni, ne songea dans le premier moment qu'à venir se confiner à Reims, qui étoit sa ville épiscopale. Mais bientôt son cœur s'ouvrit à la vengeance, et, pour se la procurer, il entra dans tous les complots qui servirent à aggraver et à prolonger les maux qui désoloient la France.

On ne songea plus qu'à presser d'une manière ou d'autre la conclusion du concile. On eut si peu d'égards pour les demandes du gouvernement français, qu'il fut obligé de faire faire une protestation par Arnoul Ferrier, son ambassadeur. Les décrets de ce concile furent vus avec beaucoup de défaveur en France. Le célèbre Dumoulin montra, dans une consultation qui fit beaucoup de bruit, tout ce qu'ils renfermoient de contraire à nos maximes. Le cardinal de Lorraine n'en pressa pas moins l'acceptation à son retour en France. L'Hôpital qui, outre les griefs que la France avoit contre le concile, voyoit que son acceptation alloit rendre les partis irréconciliables, s'y opposa avec sa fermeté ordinaire; mais le succès qu'il remporta sur le cardinal en cette occasion, fut le terme de son union avec lui, et le commencement de sa disgrâce.

Catherine de Médicis et le jeune roi Charles IX avoient d'abord montré la plus grande déférence pour les avis de l'Hôpital, parce qu'ils voyoient qu'ennemi de toutes les factions, il étoit le seul partisan sincère de leur autorité. Ceux qui vouloient le trouble, et mettre dans un parti la puissance royale qui devoit les contenir tous, s'attachèrent à ruiner le crédit de l'Hôpital. Ils y réussirent à la longue.

Ses avis ne furent plus écoutés; on finit par l'exclure des conseils, où l'on mettoit en délibération si l'on feroit ou non la guerre aux protestans. Il fut même un moment où on le crut entièrement disgracié. La reine et le roi s'absentèrent pour quelque temps de Paris. L'Hôpital ne fut pas de ce voyage ; il se retira à Vignay pendant toute sa durée. Il se répandit dans le public, à cette occasion, beaucoup de bruits que ses ennemis cherchèrent à accréditer. Il s'en plaint dans une invective très-forte contre les habitans de Paris. « Je sais, dit-il, tout ce que répandent » à Paris, sur ma retraite de la cour pendant le » voyage du roi, des hommes accoutumés à en- » tretenir les oisifs de cette ville de ce qu'ils » savent comme de ce qu'ils ne savent pas. Les » uns prétendent que, choqué de la présence » de certaines gens, je me suis retiré de la cour » pour n'avoir pas l'air d'appuyer, au moins » par mon silence, des actions que je n'approu- » vois pas; d'autres disent que j'ai été renvoyé, » avec ordre de ne plus reparoître que quand » on m'appelleroit; que mon séjour à la cam- » pagne n'étoit qu'un exil déguisé, et qu'on » m'avoit ôté les sceaux pour les donner à un » autre.

» Telles sont les mœurs, les habitudes des » Parisiens, de calomnier, de déchirer impi- » toyablement tout le monde, dans leurs cote- » ries, dans leurs salons, et jusque dans les » cours même de justice. Ils parlent à tort et à » travers de la paix et de la guerre, des lois » qui sont faites, et de celles qui ne sont encore

» qu'en projet. Vous les diriez arbitres du » royaume, si peu ils épargnent le roi même » et ses ministres.

» Mais, Messieurs, vous qui prétendez régler » l'univers, comment vous gouvernez-vous » vous-mêmes? Comment se fait l'élection des » Échevins que vous avez à choisir? Il n'y » a que les partisans des troubles et des sédi- » tions, ou ceux qui se sont signalés par leurs » cruautés dans nos guerres civiles, qui aient » droit à vos suffrages. Un bon citoyen, dont » la réputation seroit irréprochable, auroit » beau se mettre sur les rangs, il seroit sûr » d'être éconduit..... Allons, si vous connoissez » quelque motif secret qui ait pu m'attirer la » colère et la disgrâce du roi, publiez-le. Vous » chercherez inutilement; je vous défie d'en » trouver aucun de raisonnable. Vous n'êtes ni » assez instruits, ni assez équitables pour bien » apprécier ma conduite. Aurois-je encouru » votre indignation parce que je me suis tou- » jours opposé à vos fureurs, et que j'ai résisté » sans cesse à vos desseins de fomenter la guerre » civile? Auriez-vous la prétention de gouver- » ner le royaume, du milieu de vos orgies? » Ah! les plaisans rois! Ou bien, seriez-vous » tentés de renouveler ces scènes aussi atroces

» qu'inouies, données autrefois par des scélé- » rats sortis de votre sein, lorsque, violant la » majesté du trône, ils osèrent forcer le roi de » déposer sa couronne et les autres marques de » sa dignité, pour se couvrir la tête d'un cha- » peron à plusieurs couleurs (1)?

» Mais écoutez les avis d'un concitoyen à qui » l'étude et l'expérience ont appris beaucoup » de choses. Laissez-vous gouverner par les ci- » toyens honnêtes et éclairés; ce sont-là les » nobles attributs du génie. Ne cherchez point » à les contrarier. Il n'y a rien de plus ridicule » et de plus insupportable que la domination » des hommes tirés de la lie du peuple (2) ».

L'Hôpital, après le retour du roi, reprit les fonctions de sa place; mais ce ne fut pas pour long-temps. La persuasion où l'on étoit que tant qu'il l'occuperoit on ne pourroit impunément violer les lois, dissiper les finances, mettre le royaume en combustion, fit qu'on redoublât les intrigues pour le rendre suspect ou pour lui inspirer des dégoûts; de sorte que, voyant que son travail n'étoit plus agréable

---

(1) Ce fut à Charles V, encore dauphin, que cela arriva, pendant la captivité du roi Jean, son père.

(2) *Epistolar.*, *p.* 425.

au roi ni à la reine, et que le roi étoit tellement pressé qu'il n'avoit plus de puissance, qu'il n'osoit même dire ce qu'il en pensoit, il jugea *qu'il lui seroit plus expédient de céder volontairement à la nécessité de la république et aux nouveaux gouverneurs que de débattre avec eux* (1). Il se retira en conséquence dans sa terre de Vignay.

---

(1) Testam. de l'Hôpital. Sa retraite eut lieu en 1568.

CHAPITRE IX.

Sentiment de l'Hôpital dans sa retraite. Epître au premier président Christophe de Thou. Discours sur sa situation. Il se méfie de la paix conclue en 1570. Elégie sur la mort de Jacques du Faur. Dangers qu'il court lors de la Saint-Barthélemy. Epître à Marguerite de Valois, duchesse de Savoie. De la religion de l'Hôpital.

Nous avons plusieurs épîtres de l'Hôpital écrites pendant sa retraite. C'est toujours la même fermeté d'âme, la même vigueur de sentiment que lorsqu'il occupoit la première dignité de l'Etat. « Non, je ne suis point vaincu, écrivoit-il au » premier président Christophe de Thou, bien » que les méchans soient parvenus à m'exclure » de l'administration publique. Je n'ai pas fui » en lâche, et tant que j'ai conservé l'espoir » d'être utile au roi et à la patrie, nul dan- » ger n'a pu m'effrayer ; j'ai tout bravé, tout » supporté. Mais abandonné de tous, le roi et » la reine n'osant me soutenir, je me suis retiré » en déplorant le sort malheureux de mon pays.

» Je

» Je ne m'occupe plus à présent que du soin » de mes petits-enfans et de mes études, long- » temps interrompues, et devenues un soula- » gement pour ma vieillesse. Je soigne égale- » ment mes champs, auxquels les distractions » de la cour ne me permettoient pas même de » penser. Je crois posséder en eux un royaume, » si toutefois l'on peut se flatter d'avoir quelque » chose à soi. J'ose espérer cependant que, » dans un moment où les conseils humains ne » peuvent plus rien, un coup du ciel mettra » un terme à nos maux et nous sauvera de nos » propres fureurs. Que je mourrois content, si » je voyois le roi rétabli dans les prérogatives » nécessaires pour se faire respecter, la paix et » la liberté rendues à mes concitoyens ! Mais » une ambition insatiable a ébranlé les antiques » fondemens du trône; elle poursuit sans relâche » ses coupables projets. Tout est dans la con- » fusion; il n'y a plus ni bonne foi, ni pudeur. » Des tyrans barbares n'agissent que pour leur » propre intérêt.

» C'est ainsi qu'en méditant sur notre situa- » tion, dans le calme de la retraite, je cherche » à pénétrer quel est le sort que la Providence » nous destine. Ma carrière cependant touche » à son terme, déjà mon douzième lustre est

» écoulé. Je ne dois plus m'occuper que d'une » autre vie, et, en quittant la terre, de trouver » place dans les célestes demeures (1) ».

On retrouve à peu près le même fond d'idées dans un discours, où il parle fort au long de sa situation. Il dit que ceux-là seroient dans l'erreur, qui croiroient qu'il étoit plus heureux au milieu des honneurs de la cour, et qu'il est devenu malheureux depuis qu'il les a perdus. « Si l'on savoit, dit-il, quel est l'esprit que j'ai » porté dans l'une et l'autre fortune, quels sont » les jours que j'ai coulés, quelles passions j'ai » eu à combattre, quelle lutte il a fallu soutenir » pour la patrie, à quels hommes j'ai eu à résis- » ter, l'on seroit étonné que j'aie pu tenir si » long-temps dans un poste si dangereux, et » que je n'aie pas plutôt pris le parti de l'aban- » donner ».

Il fait voir ensuite combien la vie des champs est plus convenable à son âge. « Je suis maître » à présent chez moi; j'y vis indépendant. Je » n'avois auparavant aucun moment de libre » pour la prière et pour l'étude; je faisois tout » en courant, et autant que la volonté du roi » et les devoirs de ma place m'en laissoient la

(1) *Epistol.*, *lib. VII*, *p.* 373 *et seq.*

» liberté. A présent, je distribue ma journée » comme il me plaît; chaque heure a ses occu- » pations. Personne ne m'importune ni le matin » ni le soir ».

Il parle ensuite de la fragilité des grandeurs; il remarque qu'il est peu de favoris des rois qui n'aient éprouvé des disgrâces; la vertu, ferme et véridique, est principalement exposée à ces revers, lorsque la corruption des mœurs est à son comble, et que la bassesse et l'adulation sont les seuls moyens de plaire. Un autre danger pour la vertu, c'est d'être exposée à se démentir. Cette crainte fut cause que plusieurs grands hommes de l'antiquité, quoique rappelés de l'exil auquel ils avoient été injustement condamnés, refusèrent de retourner dans leur patrie. « Combien, ajoute-t-il, il en est qui au- » roient bien fait d'imiter cet exemple, puisque » le souvenir du passé et la crainte de l'avenir » ont ôté à leur âme toute sa vigueur ! C'est la » persévérance qui fait la vertu; elle doit être » immuable dans les cœurs qui en sont vérita- » blement imbus ».

Il ne prétend cependant pas détourner personne du service de la patrie, ni l'engager à choisir une vie oisive et voluptueuse. Chacun au contraire doit employer à son bonheur toutes ses facultés; mais lorsqu'elle rejette nos services, il faut savoir se retirer avec joie, et revoir avec plaisir ses pénates. Rien n'est plus digne d'admiration qu'un vieillard qui, après avoir rempli avec honneur et probité les fonctions publiques, vient terminer sa vie au sein de ses proches et s'occuper des travaux rustiques.

Il en est qui craignent que, dépouillés de l'éclat des dignités, et réduits à une espèce de nullité, ils ne deviennent un objet de risée ou de mépris, et ne soient même exposés à des dangers.

Le sage doit être à l'abri de cette crainte. Sa gloire est solide, elle ne s'éclipse pas avec les honneurs. Que peut-il avoir à craindre, quand il n'a fait que son devoir, et qu'il n'a jamais eu l'intention d'offenser personne? « Pour moi, » je me suis montré avec la plus grande intré- » pidité, en paix comme en guerre; j'ai tout » bravé, quand il a été question de servir la » patrie ou le roi. J'ai osé soutenir les anciennes » institutions de mon pays, et j'ai eu pour ad- » versaires ceux mêmes dont je défendois les » droits. Tout sentiment d'honneur étoit éteint » dans les âmes, et l'habitude de l'esclavage les » avoient rendues insensibles aux douceurs » d'une liberté raisonnable. Cependant, malgré » les dangers auxquels je m'étois exposé, mon

» repos n'a jamais été troublé. Il ne lui reste », ajoute-t-il en finissant, « d'autre regret dans son » exil, que de ne pouvoir plus donner des » preuves de sa fidélité au roi, et de n'avoir plus » les moyens de travailler à éteindre l'incendie » qui dévoroit sa patrie (1) ».

Ce regret faisoit son tourment. Il connoissoit assez la cour et ceux qui étoient à la tête des partis qui divisoient la France, pour savoir qu'ils ne pourroient jamais vivre en paix, et qu'en ayant l'air de se rapprocher pour quelques instans, ils ne renonçoient pas à leurs projets hostiles; aussi il ne fut pas trompé par cette paix perfide qui précéda la Saint-Barthélemy, et qui en fut comme le prélude. Il s'apperçut bien qu'elle ne cachoit qu'un piége, ainsi qu'il l'écrivoit à Arnoul Ferrier (2).

Il le dit encore d'une manière positive, dans une espèce d'élégie qu'il composa sur la mort de Jacques Dufaur, l'un de ses plus anciens amis (3). Cet événement vint accroître les chagrins que lui causoient les maux de l'État. Il les exprime très-bien dans les vers qu'il composa

---

(1) *Epistolar.*, *lib. VII*, *p.* 350 *et seq.*

(2) *Miscellan*, *p.* 436, 482.

(3) Voyez la note IX.

à cette occasion, et qui sont un des monumens les plus remarquables de sa sensibilité.

« Il est donc mort tout près de moi, et sans » que j'aie pu lui dire un dernier adieu, ce cher » Dufaur, mon contemporain, mon ami dès ma » plus tendre enfance ! Nous avons constam- » ment vécu comme des frères ; nous n'avions » à nous qu'un même cœur et qu'une même » âme ; le plus léger nuage n'a jamais obscurci » notre amitié, dont les doux fruits nous étoient » plus nécessaires encore dans notre vieillesse. » Nous tenions l'un et l'autre un rang distingué » à la cour, et au moment où nous devions nous » flatter de le conserver jusques à la mort, les » orages qui ont bouleversé notre patrie sont » venus nous séparer. Nous avons vu avec une » douleur égale la France en proie aux désor- » dres d'une guerre, qu'on avoit entreprise » contre notre avis. Dufaur a eu à supporter » bien des indignités de l'ingratitude de ses » concitoyens. Notre sort commun, ou la fata- » lité qui poursuit la France, m'a relégué dans » cet asile. La paix, quoique tardive, est enfin » rendue à la terre par un bienfait du ciel.

» Ils n'ont cependant point déposé leur carac- » tère féroce ; la haine vit encore dans leurs » cœurs. Il est à craindre qu'ils ne ressuscitent

» bientôt la guerre par de nouveaux crimes...
» Heureux Dufaur ! vous avez le premier atteint
» le port où nous allons tous aboutir. Vous ne
» serez pas témoin des maux qui nous sont en-
» core réservés, et qui, je le crains, surpasse-
» ront peut-être ceux que nous avons déjà
» soufferts. Rien ne prouve qu'ils nous aient
» corrigés, et la colère céleste n'est point en-
» core appaisée. Âme pure ! âme sainte ! je ne
» tarderai pas de te suivre. Puisse la même ré-
» gion nous renfermer tous les deux ; et si les
» ombres conservent les sentimens de l'amitié,
» puisse la nôtre s'y perpétuer avec nous (1) ».

Parmi les épîtres que l'Hôpital écrivit pendant sa retraite, l'une des plus remarquables est celle qu'il adressa à son ancienne bienfaitrice, Marguerite de Valois, alors duchesse de Savoie.

Cette princesse avoit chargé un de ses gentilshommes qui étoit venu en France, de voir l'Hôpital, de lui témoigner le désir qu'elle avoit de lire des vers de sa façon, afin d'être à même de juger quels changemens l'âge et les événemens avoient faits dans son talent. Je ne sais si cette espèce de défi ranima sa

(1) *Epistolar.*, p. 381.

verve; mais la réponse qu'il fit à la duchesse est digne de son meilleur temps. Il lui parle des causes de sa retraite, de la vie qu'il mène aux champs, et des dangers qu'il courut lors de la Saint-Barthélemy.

Il rappelle d'abord à la princesse le plaisir qu'elle trouvoit autrefois à lire ses vers; mais l'hymen et l'amour maternel lui ont inspiré d'autres goûts. Il n'est plus lui-même ce qu'il avoit été; le temps l'a bien changé depuis qu'il avoit commencé d'être connu d'elle. « La joie » a disparu pour moi depuis le jour que vous » m'avez été enlevée; et mon goût pour la com- » position s'est presque éteint, depuis que la » discorde impie divise nos citoyens, et les arme » pour leur perte mutuelle et la ruine de la pa- » trie. Mon départ de la cour a été triste, à cause » de l'ancien attachement du roi et de la reine » pour moi; sans cela, il auroit été un sujet de » joie. Qu'avois-je en effet à regretter? La vie » champêtre n'est-elle pas celle qui convient à » un vieillard épuisé par le travail? Vous n'é- » tiez plus là pour récréer et affermir mon » esprit abattu et prêt à succomber dans la lutte » continuelle que j'avois à soutenir. Vous n'avez » pas oublié sans doute que c'étoit dans votre » sein que j'allois déposer les sollicitudes que

» me causoient les fonctions publiques, et pui-
» ser les lumières qui m'étoient nécessaires dans
» les occasions difficiles. Vous m'avez souvent
» assisté dans mes affaires privées, et votre puis-
» sante main a plusieurs fois relevé ma maison.
» Après avoir rempli dans ma patrie la première
» des dignités, éprouvé les morsures de l'envie
» et la haine des factieux, qui voyoient que,
» tant que je serois en place, ils ne pour-
» roient exécuter leur projet de détruire cet an-
» tique royaume, je vis ici comme Laerte dans
» son champ, loin de toute ambition, et mépri-
» sant sincèrement tous les plaisirs de la cour
» et de la ville. Je suis exilé à la vérité; mais
» mon exil n'a rien de flétrissant : c'est celui
» dont usoient les Athéniens à l'égard des ci-
» toyens qui s'élevoient trop au-dessus des au-
» tres par leurs vertus ou par leurs richesses.....
» Sans vouloir me comparer avec eux, mon sort
» est encore plus tolérable que le leur, puisque
» je n'ai point été obligé d'abandonner ma pa-
» trie, et qu'il m'a suffi de fuir les regards des
» hommes puissans, que ma présence importu-
» noit.

» Le roi se montra favorable à mon égard
» dès son enfance même; il me donne aujour-

» d'hui des preuves de sa libéralité en fournis-
» sant largement à mes besoins....

» Mon sort qui paroît malheureux à tant
» d'autres, ne manque pas de douceur pour
» moi.... Je ne pouvois avoir de retraite plus
» honorable et plus convenable à mon âge.
» Ma réputation est sans tache ; j'habite une
» maison assez bien bâtie, non loin de la
» cour et de la ville, avec ma femme, mon
» gendre, ma fille et leur nombreuse famille.
» J'ai des livres en quantité ; je lis, j'écris ou
» je médite ; j'ai aussi mes récréations ; nulle
» journée n'est vide.

» Malheureusement le voisinage ne me per-
» met pas de jouir en paix de tant de biens, et
» trouble sans cesse mon repos. Tel est le sort
» des hommes qu'il n'y a aucun plaisir exempt
» de douleur : le malheureux porte souvent
» envie au malheureux, et l'exilé à celui qui
» éprouve le même sort.

» Malgré les secours dont je suis entouré,
» j'ai eu bien de la peine à échapper à la fu-
» reur d'un peuple en émeute, et aux traits des
» jeunes habitans de la campagne (1). Ma fille,

---

(1) L'Hôpital veut parler des dangers et des insultes qu'il éprouva lors de la Saint-Barthélemy.

» que le hasard avoit conduite à Paris, s'y » trouva dans le plus grand danger; car on » n'avoit aucun égard dans un si grand tu- » multe ni pour l'âge, ni pour le sexe. Elle fut » sauvée par Anne d'Est. Il seroit trop long » de vous détailler tout ce que j'ai eu à souf- » frir d'une vile populace, comment elle a dé- » vasté mes champs et traduit à la ville mes » fermiers enchaînés.

» En vain ai-je imploré le secours de la jus- » tice. Un magistrat inique aidoit de son au- » torité le crime qu'il auroit dû réprimer : c'en » étoit fait de moi, sans un détachement de » cavalerie que la reine inquiète sur mon sort, » envoya pour me secourir (1).

» Le calme cependant est rétabli à la ville

---

(1) La maison de l'Hôpital étoit ouverte de partout; toute son espérance, dit-il, étoit en Dieu. *Epistol.*, *lib. VII*, *p.* 355. Le jour de la Saint-Barthélemy, on vint lui dire qu'on appercevoit des troupes de loin, et s'il vouloit qu'on leur fermât la porte. *Non*, *non*, dit-il, *si la petite n'est bastante*, *pour les faire entrer*, *que l'on ouvre la grande*. On rapporte dans tous les recueils d'anecdotes, qu'en apprenant la nouvelle du massacre, il s'écria : *Excidat illa dies*, etc. De Thou, dans ses Mémoires, dit que ce fut son père qui fit cette application des vers du Stace.

» comme à la campagne. Nous jouissons tran-
» quillement de ce qui nous appartient, si toute-
» fois il peut y avoir quelque chose de solide
» sur la terre, et si l'on doit avoir quelque
» confiance dans les hommes.

» Ne croyez cependant pas que je me livre
» à l'insouciance ou à l'oisiveté. Je travaille à
» faire violence au ciel, non à la manière des
» superbes géans, mais en suivant la route et
» en pratiquant les moyens que le Christ nous a
» tracés, pendant son séjour sur la terre (1).... ».
Ce fut en effet, comme l'écrivoit l'Hôpital à la duchesse de Savoie, Anne d'Est duchesse de Guise qui sauva sa fille au massacre de la Saint-Barthélemy. Cette princesse, petite-fille de Louis XII, par Claude de France sa mère, qui avoit épousé le duc de Ferrare, ne démen-

---

(1) *Epist., lib. VII, p. 363, et seq.* Il paroît que les sentimens religieux dont l'Hôpital avoit été pénétré de tous les temps, s'étoient encore fortifiés dans l'exil et aux approches de la mort. Il faut voir avec quelle énergie il s'exprime à ce sujet, dans une épître à un Italien nommé Vacca, qu'il avoit connu dans sa jeunesse, et avec lequel il conserva des liaisons jusqu'à la mort. Vacca s'étoit distingué à Rome dans le barreau, et avoit été employé dans diverses négociations. *Epistolar., lib. VI, p. 344.*

toit pas une si noble origine. L'attachement qu'elle avoit montré de tous les temps pour l'Hôpital, ne cessa pas même, lorsque toute sa famille fut devenue son ennemie. L'Hôpital lui témoigna sa reconnoissance par une épître où règne la plus vive sensibilité. En voici le début :

« Anne, lui dit-il, cet enfant unique qui » me restoit de trois que j'ai eus, vit encore : » elle vit par l'effet de votre bienfaisance, qui » l'a sauvée au milieu du carnage général, » lorsque tout espoir de salut sembloit fermé » pour elle. Je ne l'apperçois jamais assise à » toute heure auprès de moi, et soulageant » avec sa mère ma vieillesse, sans être ému » par la reconnoissance, et sans en remercier » vous et les vôtres. Vous avez sauvé plusieurs » têtes en une seule; nous ne vivons tous que » par vos bienfaits (1) ».

Les cruelles scènes de la Saint-Barthélemy lui donnèrent du dégoût pour la vie. « J'ai » trop vécu, écrivoit-il aux filles de Jean Morel, » puisque j'ai vu de mes propres yeux ce que

---

(1) *Epistolar.*, *lib. VII*, *p.* 361. L'Hôpital avoit été, pendant quelque temps, le tuteur de cette princesse. *Miscellan.*, *p.* 418.

» je n'aurois pu croire, un jeune prince d'un » excellent caractère (Charles IX), changer » subitement et un roi doux devenir un tyran » féroce. Ce n'étoient point les mœurs de nos » anciens rois. Tout ce qui ressentoit l'artifice » leur étoit odieux. Ils ne faisoient jamais la » guerre qu'à force ouverte. Ils n'auroient ja- » mais violé une paix jurée solennellement, » quelque avantage qui pût leur en revenir. » Mais le commerce de nos voisins nous a cor- » rompus. Notre ancienne discipline s'est éva- » nouie. Elle a été remplacée par des mœurs » nouvelles (1) ».

Les épîtres de l'Hôpital à la duchesse de Savoie et à celle de Guise furent les derniers soupirs de sa muse. Il ne survécut que de quelques mois au désastre de la Saint-Barthélemy, et il mourut à Vignay le 13 mars 1573.

Nous aurions pu donner des extraits plus étendus de ses poésies, en parcourant toutes les épîtres qu'il a composées, tantôt sur des matières de morale, de piété, de politique ou de philosophie, tantôt pour célébrer en bon citoyen, tous les événemens heureux pour la France; mais il

---

(1) *Miscellan*, *p*. 433.

a fallu se borner. Nous en avons cependant dit assez pour montrer dans tout son éclat le modèle d'un vrai patriotisme, dans un siècle où l'on en a tant vu de factice, et, pour prouver que si, comme dit Platon, la sagesse pouvoit se voir des yeux du corps, ce seroit sous des traits semblables qu'il faudroit la peindre. La vertu de l'Hôpital fut sans tache; l'envie qui le poursuivit avec tant d'acharnement n'en put jamais découvrir aucune. Le fanatisme l'accusa d'athéisme et d'irréligion; mais, dit l'abbé Fraguier, il n'y a que ceux qui n'ont jamais lu ses épîtres qui puissent lui faire un pareil reproche; on peut juger s'il est fondé par divers fragmens de ses épîtres, que nous avons rapportés. Combien d'autres plus décisifs encore nous aurions pu y ajouter! Parmi les erreurs qui s'étoient glissées de son temps en France, il se plaint surtout des progrès que l'astrologie et le matérialisme y avoient faits (1). Mais du moins, dit-on encore, c'étoit un protestant déguisé sous les apparences d'un catholique. La dissimulation est un vice trop opposé à cette franchise et à cette droiture, dont

(1) *Epist., lib. III, p.* 175, *lib. VI, p.* 314; et *Miscellan, p.* 454.

l'Hôpital faisoit profession, pour qu'on doive l'en soupçonner, et l'on peut dire qu'il étoit catholique, par cela seul qu'il se donnoit pour tel; mais il l'étoit à la manière de tant d'hommes illustres qui, en professant l'ancienne religion de la France, n'avoient pas moins combattu avec zèle, pour le maintien des maximes, qui en avoient fait la gloire et l'honneur de tous les temps. L'Hôpital avoit cette passion par-dessus toutes les autres : rien ne l'avoit plus indigné contre le concile de Trente, que d'avoir tenté de porter atteinte à ces maximes, et d'avoir profité des troubles de la France, pour vouloir accorder à l'ambassadeur d'Espagne la préséance, dont celui de France avoit toujours joui (1). Il s'étoit surtout attiré la haine de la cour de Rome, pour avoir fait rétablir, par l'ordonnance d'Orléans, la pragmatique-sanction, loi aussi chère aux Français, qu'elle lui étoit odieuse. Le cardinal de Ferrare, envoyé en qualité de légat en France en 1562, fut chargé de faire révoquer ces articles de l'ordonnance d'Orléans, et de tâcher de faire renvoyer l'Hôpital, qui en étoit l'auteur. Le légat réussit dans la première partie de sa mission,

---

(1) *Epistolar, lib. VII, p.* 374; et *Miscellan, p.* 474.

mais

mais il échoua dans l'autre. « Toute accusation » d'hérésie contre le chancelier, écrivoit-il au » cardinal Borromée, seroit mal fondée, puis- » qu'on le voit ordinairement *aller à la messe*, » *se confesser et communier* ». Il ajoute que, quand il a voulu en parler à la reine, elle s'est beaucoup fâchée, en disant, *que toutes ces pratiques ne se tramoient que par des personnes intéressées* (1).

Dans les ouvrages mêmes où l'on accuse l'Hôpital de cette dissimulation, on prétend que son projet avoit été de diviser les ordres religieux en quatre classes, et de les employer à des occupations d'une utilité générale. Or, un vrai protestant n'auroit voulu alors des moines sous aucune forme. Il n'y en avoit point qui fussent plus odieux aux réformés que les Jésuites; car, lors de l'affaire qu'ils eurent contre l'université en 1564, ce qui détermina le parlement à les admettre dans l'instruction publique, c'est, suivant de Thou, parce qu'on regarda l'éducation qu'ils offroient à la jeunesse, comme un préservatif certain contre les nouvelles erreurs. Cependant ils furent protégés et recommandés par l'Hôpital

(1) Négociations du cardinal d'Est, p. 225, 241.

lui-même (1). Dans la continuation de l'Histoire universelle de Bossuet, qu'on vient de publier, et qui ne peut être qu'un croquis bien informe, si elle est de lui, on donne pour preuve de protestantisme de l'Hôpital, son testament et l'éducation de ses petits-fils. Il n'est, à la vérité, question dans son testament, ni d'obits, ni de fondation; mais qu'est-ce que cela prouve? Il lègue une pension à une de ses sœurs religieuse, ce qui valoit mieux.

---

(1) Mélanges tirés d'une grande bibliothèque, L. 7e. partie, p. 179.

Dans l'épître à la duchesse de Savoie, que nous venons d'analiser et qui fut écrite dans les derniers mois de la vie de l'Hôpital, il parle beaucoup de ses sentimens religieux, et des soins continuels qu'il se donne pour mériter le ciel. Peut-on croire qu'il eût entretenu d'un tel sujet cette princesse, très-pieuse et très-catholique, s'il avoit eu des opinions différentes des siennes?

Il y a plus encore. Dans l'épître à Vacca, dont nous avons parlé ci-dessus, pag. 140, note, l'Hôpital s'exprime ainsi : « La vertu consiste principalement dans » les actions. De quel avantage, sans cela, seroit-elle » pour les hommes? C'est une foi bien vaine que celle » qui n'est point accompagnée par les œuvres ». Cette opinion, qu'il condamne d'une manière si formelle, étoit la base de la théologie de Calvin. Les protestans modernes l'ont modifiée.

Quant à ses petits-enfans, ils étoient bien jeunes à la mort de leur aïeul. S'ils ont eu du penchant pour le protestantisme, ils le tinrent d'ailleurs; il ne fut pas bien fort en eux; car ceux qui ont fait quelque figure dans le monde, sont morts catholiques. L'un même, qui avoit été conseiller-clerc au parlement fidèle à Henri IV, fut archevêque d'Aix, et très-zélé pour les prérogatives de son ordre. Théodore de Bèze ne fut pas aussi tranchant que Bossuet. Quoique contemporain de l'Hôpital, et qu'il lui ait assez survécu pour que l'opinion ait eu le temps de s'éclaircir, il n'osa soutenir qu'il eût été protestant; il prétendit seulement qu'il avoit entrevu la lumière sans la recevoir pleinement, et il le fit peindre avec un flambeau derrière le dos.

Au reste, la défaveur avec laquelle furent reçus en France les décrets du concile de Trente, l'opposition constante que le clergé a éprouvée pour leur publication, laissa long-temps dans l'indécision sur plusieurs points, et la ligne de démarcation entre la religion catholique et les sectes dissidentes fut plus long-temps à s'établir.

CHAPITRE X.

De la Jurisprudence. Son origine et ses progrès en Europe. Habileté de l'Hôpital dans cette science. Son zèle pour son maintien.

Pour achever de faire connoître l'homme illustre dont j'ai entrepris d'esquisser le caractère et les travaux, il me reste à parler des lois dont la France lui fut redevable. Elles n'ont pas été appréciées à leur juste valeur, faute de s'être fait une idée exacte de ce qui constitue le vrai législateur. Le dix-huitième siècle a donné sur ce point, comme sur beaucoup d'autres, dans de grandes illusions.

L'impératrice Catherine II, dans ses instructions à la commission chargée de la rédaction du code qu'elle projetoit, et qui lui attirèrent tant de complimens, bien qu'elle n'eût fait qu'y prêter son nom, dit « qu'il faut que le code » qui contiendra *toutes les lois*, forme un livre » d'un volume moyen, qu'on puisse acheter » à bas prix comme un catéchisme (1) ».

(1) *Instruct.*, *n°*. 158. Ces instructions n'étoient en général qu'une compilation de divers passages de Montesquieu et de Beccaria.

Cette princesse ne pouvoit cependant pas ignorer que tous ces barbares qui inondèrent l'Europe dans le cinquième siècle, et qui sortoient, pour la plupart, des pays de sa domination, avoient chacun des lois particulières, dont le recueil, quand il fut rédigé par écrit, n'excédoit guère les proportions qu'elle vouloit qu'on donnât à son code. C'étoient pourtant les plus sauvages des hommes. Ils bouleversèrent l'état social en Europe, en détruisant presque en entier la civilisation que les Romains y avoient établie. Il fallut la recommencer.

L'Europe moderne jouit en cela d'un spectacle qui avoit été refusé aux peuples anciens, celui de voir en quelque sorte l'ordre social renaître et s'avancer graduellement vers la perfection. Chez les anciens on ne trouve des monumens écrits que lorsque la société fut parvenue à un certain degré de consistance. On ne peut même deviner par des conjectures ce qui s'est passé auparavant, tandis que dans l'Europe moderne, quand la civilisation romaine succomba sous le poids de la barbarie, il y eut un corps qui s'en garantit jusques à un certain point et conserva quelques vestiges de l'ancienne politesse. Ce corps fut le clergé. Ses écrivains, dont la chaîne ne fut jamais interrompue, nous offrent le tableau des efforts successifs que fit l'esprit humain, pour sortir de l'état de dégradation où il étoit plongé.

Si ceux qui cherchent à bouleverser les institutions des empires savoient ce qu'il en coûte de temps et de peines pour les établir, ils seroient peut-être plus avisés dans leurs desseins. C'est un ouvrage tout artificiel, que les siècles seuls forment et que l'usage et l'habitude affermissent. La coutume, comme l'a très-bien vu Pascal, est la meilleure digue qu'on puisse opposer à cette aversion naturelle que les hommes ont pour tout ce qui gêne leurs penchans et leurs désirs.

L'art du législateur consiste moins à créer des moyens nouveaux, qu'à savoir faire usage de ceux que son siècle et les circonstances lui présentent. L'habileté se réduit quelquefois à poser quelques bases et à laisser au temps le soin de faire le reste; lui seul peut indiquer ce qui convient aux diverses parties de l'ordre social et les mettre en harmonie entre elles. La législation doit les embrasser toutes, et c'est pour cette raison que les Romains, si habiles dans ces matières, définissoient la jurisprudence *la science des choses divines et humaines*

Elle est en effet le recueil de la raison de tous

les siècles, qui combine les principes de la justice originaire avec la variété infinie des intérêts humains; elle comprend enfin tous les rapports connus des hommes entre eux et ceux qu'on peut découvrir encore.

Le code qui indique ces rapports et les règles auxquels ils sont soumis, ne peut être d'une étendue médiocre; il y auroit autrement une infinité d'objets qui seroient pour ainsi dire hors la loi et resteroient livrés à l'arbitraire. De là l'on peut juger jusqu'à un certain point du degré de civilisation auquel un peuple est arrivé, et de l'étendue de la liberté dont il jouit, par le volume de son code. Celui que forme le corps du droit romain paroît d'abord très-considérable; on y remarque cependant bien des lacunes; mais il n'y a rien à retrancher quant aux matières qu'on y traite. On y trouve tout ce qui concerne le droit public et le droit privé. Les formes ont pu changer avec le temps, mais les principes sont toujours demeurés les mêmes; c'est avec leur secours que les législateurs de l'Europe donnèrent à ses institutions gothiques cette forme régulière, dont on ne les auroit pas cru susceptibles.

Parmi ceux qui contribuèrent le plus à favoriser en France cette heureuse révolution, on distingue particulièrement Charlemagne, Saint-Louis et le chancelier de l'Hôpital. Placés à des intervalles égaux les uns des autres, en allant au même but, ils n'opérèrent pas de la même manière.

Charlemagne tient le premier rang, moins pour avoir fait de bonnes lois que pour avoir disposé les esprits à les recevoir un jour, en tâchant d'adoucir les mœurs par la culture des lettres, qu'il ranima autant qu'il fut en lui. La lumière de la raison n'auroit pu pénétrer dans des esprits obstrués en quelque sorte par la barbarie. Il falloit préparer les organes par où elle devoit passer. A quoi serviroit d'allumer des flambeaux dans une société d'aveugles!

L'impulsion que Charlemagne donna à son siècle fut si forte, qu'elle se communiqua à ceux qui le suivirent, et ne put même être arrêtée par les désordres qui accompagnèrent la chute de sa maison. C'est sans doute un sort attaché aux choses humaines, d'être entraînées par une force irrésistible, soit quand elles s'avancent vers la perfection, soit quand elles vont se précipiter vers la barbarie.

L'esprit humain essaya d'abord ses forces sur les ouvrages d'Aristote; le droit romain lui fournit ensuite un champ plus vaste et surtout plus utile. Saint-Louis vint à propos pour en propager les maximes et en substituer les formes raisonnables aux usages barbares des peuples du nord. On ressentit bientôt les salutaires effets de cette innovation. Depuis lors tout parut sortir du chaos, et chaque partie de l'administration publique commença à prendre une forme régulière.

En effet, le droit romain jeta tout à coup en Europe un recueil complet de maximes de morale politique et d'administration publique; il abrégea considérablement le temps infini qu'il auroit fallu pour les découvrir par l'observation et l'expérience. Il forma comme un code général pour l'Europe entière, auquel chaque nation n'eut à ajouter que ses lois particulières. L'ardeur qu'on montra pour l'étude de ce droit lorsqu'on commença de l'enseigner dans les écoles, la considération dont jouissoient ceux qui s'y étoient rendus habiles, indiquoient que la société marchoit vers sa perfection.

On vit se former ce corps de gens de loi, qui, pareils aux jurisconsultes de l'ancienne Rome, développèrent et maintinrent les principes de la raison et de la justice. Ils peuvent être regardés comme les fondateurs de la monarchie française, puisque c'est l'influence qu'ils acquirent dans les parlemens, par l'ascendant de leurs lumières, qui abattit la puissance des grands vassaux et les soumit à l'autorité royale, avec laquelle ils avoient long-temps rivalisé.

Les gens de lois étoient tous clercs dans l'origine. Ils exerçoient alternativement les fonctions de juges et d'avocats. Le barreau étoit confondu avec la magistrature (1). Ces clercs ne brilloient le plus souvent ni par leur naissance, ni par leurs richesses. C'étoit le mérite seul qui leur valoit ce titre, et la plupart ne vivoient que de leurs gages ou des bénéfices qu'ils obtenoient. Les gens de loi ne commencèrent à faire un corps séparé du clergé que dans le quinzième ou même le seizième siècle. Ils eurent long-temps beaucoup de choses communes entre eux. Un grand nombre de charges du parlement étoient affectées à des clercs. Nous avons vu que celle qu'occupa l'Hôpital étoit de ce nombre.

Les gens de loi gardèrent surtout cette austérité de moeurs, cette sévérité de discipline, qui étoient particulières aux corps dont ils sortoient.

---

(1) La ligne de démarcation entre le barreau et la magistrature n'a été établie qu'à l'introduction de la vénalité et surtout de l'hérédité des charges, vers la fin du seizième siècle.

Ils furent long-temps les conservateurs fidèles de la constitution qui leur devoit la naissance, et qui ne s'est écroulée qu'au moment où ils ont été entraînés par la dégénération universelle.

Le milieu du seizième siècle est une des époques les plus brillantes de la magistrature et du barreau français. On n'avoit pas vu encore une si belle réunion de grandes vertus et de grands talens. Tous les noms que la robe a ensuite illustrés se trouvent parmi les avocats de ce temps. La jurisprudence étoit la voie des honneurs et la science à laquelle s'appliquoient tous ceux qui se destinoient à quelque partie de l'administration publique.

Nous avons vu combien de temps l'Hôpital avoit employé à l'étudier, soit dans les écoles de France, soit dans celles d'Italie. Il y devint aussi fort habile; il contribua même beaucoup à en répandre la connoissance en France, lorsque, devenu chancelier particulier de Marguerite de Valois, duchesse de Berri, il fut chargé de former l'école de Bourges, chef-lieu de son appanage. Cette princesse, qui aimoit les lettres avec passion, ainsi que nous l'avons remarqué plus haut, mettoit une espèce de gloire à faire de l'école de Bourges une des plus illustres qui eussent encore existé en France. Elle ne pouvoit mieux se confier pour cela qu'à l'Hôpital. Ses lumières et son intégrité lui étoient garans que tout seroit pour le mérite et le savoir, rien pour la bassesse ou pour l'intrigue. L'Hôpital appela à Bourges les plus célèbres jurisconsultes de la France; il y plaça surtout le fameux Cujas, qui, rebuté par ses compatriotes, trouva en lui un patron digne d'un si rare talent (1).

L'Hôpital avoit étudié le droit non en légiste, mais en sage. Il voyoit avec peine le désordre dans lequel Justinien avoit rangé les passages des différens jurisconsultes, qu'il avoit entassés dans ses compilations. Il sentoit qu'il auroit pu y mettre plus de clarté et de méthode; il entreprit de rectifier ce défaut important des livres du droit romain, d'en éclaircir en même temps les obscurités et d'en concilier les contradictions. Cet ouvrage, dont il parle dans ses épîtres, ne fut pas achevé comme on le voit par son testament (2); de Thou, qui l'avoit vu en manuscrit, le juge digne de l'immortalité. Mais on ne sait ce qu'il devint après la mort de l'Hôpital.

Le droit français lui étoit aussi familier que le droit romain. Il avoit bien saisi les rapports et les différences qui existoient entre eux. Le

---

(1) Voyez la note X.

(2) *Epistolar.*, *p.* 8, 79.

droit romain comprenoit la doctrine générale du droit, tandis que le droit français ne statuoit que sur quelques points particuliers réglés par les différentes coutumes. La science du droit coutumier ne faisoit que des praticiens; le droit romain seul pouvoit faire des jurisconsultes. On voit encore par les diverses harangues de l'Hôpital, qu'il connoissoit très-bien le droit public de la France, science plus commune de son temps qu'elle ne l'a été dans la suite.

L'Hôpital possédoit donc toutes les qualités qu'on pouvoit exiger dans un chef de la magistrature, et l'on ne peut qu'admirer la sagacité de la duchesse de Montpensier, qui l'indiqua à Catherine de Médicis, comme le plus propre à remplir cette place éminente.

CHAPITRE XI.

Principes politiques de l'Hôpital. Il cherche à affermir la constitution de la monarchie. Discours sur les quatre ordres. Sa sévérité dans l'examen des magistrats. Avis qu'il leur donnoit. Satire contre les procès.

LORSQUE l'Hôpital arriva à la suprême magistrature, tous les elémens d'une bonne législation existoient en France. Mais nul n'étoit encore à sa véritable place. Il y avoit un roi; la nation étoit classée en divers ordres; des corps intermédiaires éclairoient l'autorité, sans vouloir la partager. Mais les seigneurs féodaux et les gouverneurs des provinces s'étoient maintenus dans l'exercice des prérogatives les plus essentielles de l'autorité royale; ils abusoient souvent de leur pouvoir, et, comme dit ailleurs l'Hôpital, la France avoit autant de tyrans que de grands seigneurs. De leurs châteaux fortifiés, la plupart bravoient l'autorité et affectoient la plus entière indépendance.

C'étoit le premier abus à corriger. A quoi auroit servi de faire des lois, s'il y avoit eu des hommes assez forts pour les méconnoître, et un prince trop foible pour les forcer de s'y soumettre? L'Hôpital réprima dans l'ordonnance d'Orléans les principaux excès, dont se rendoient coupables les seigneurs féodaux (1). Dans l'ordonnance de Moulins, il ôta aux gouverneurs le droit de donner des lettres de grâce et de légitimation, dont ils étoient encore en possession. Il leur défendit de s'entremettre dans l'administration de la justice, qu'ils troubloient auparavant à leur gré; enfin, de lever des impôts sans la permission expresse du roi (2). L'Hôpital constitua en quelque sorte l'autorité souveraine en France, en lui rendant des prérogatives qui en étoient inséparables. Il fixa aussi les droits des parlemens; et les limites qu'il posa à cet égard, sont celles qui ont subsisté autant que la monarchie.

Les principes politiques de l'Hôpital sont consignés dans deux poëmes, dont l'un fut fait à l'occasion du sacre de François II; et l'autre étoit comme un tableau des quatre états de la France (3). Le premier de ces poëmes est un

(1) Ordonn. d'Orl., art. 106 et suiv.

(2) Ord. de Moulins, art. 22 et suiv.

(3) L'Hôpital comptoit quatre états ou ordres en France, parce qu'il faisoit de la magistrature un état à part.

traité complet sur le devoir des rois et l'art de gouverner. Il fit une grande sensation dans le temps, et servit beaucoup à la fortune de son auteur. François II l'apprit par cœur, pour en avoir toujours les maximes présentes à la mémoire (1). Joachim Dubellay, poëte distingué du seizième siècle, le traduisit en vers français (2). Le second poëme rouloit à peu près sur les mêmes idées que l'autre, à la différence qu'outre les devoirs du roi, il traçoit aussi ceux des membres des différens ordres. Dubellay le traduisit, ou, pour mieux dire, le paraphrasa en vers français : on ne le connoît même que par sa traduction, car l'original ne fut point imprimé.

On voit par ce discours que l'Hôpital est loin de partager l'opinion de ceux qui ne veulent point dans un état la distinction des ordres. Il est en effet impossible d'employer les hommes d'une manière convenable, si on ne commence par les classer. On ne peut se conduire en cela que par des règles générales, qui seront fautives

(1) *Epistolar.*, *lib. V*, *p.* 262.

(2) Il y en a une autre traduction, aussi en vers, de Claude Joly, chanoine de Notre-Dame, qui n'est pas lisible, quoique du 17e. siècle.

en

en quelques cas; mais c'est un effet de l'imperfection des choses humaines qui ne permet pas de faire mieux. La confusion est sujette à bien plus d'inconvéniens; c'est comme si le Créateur, après avoir débrouillé le chaos, y replongeoit de nouveau les élémens qu'il en a tirés.

L'Hôpital pensoit que le gouvernement monarchique étoit le plus parfait de tous; mais il ne vouloit point que l'autorité du monarque fût arbitraire. C'est lui qui est l'auteur de cette loi si digne d'une nation telle que la nôtre, qui défendoit aux tribunaux d'obéir aux lettres mêmes du roi qui leur seroient adressées sur le fait de la justice (1). La volonté d'un roi n'est que celle de la loi, et elle ne doit se manifester qu'avec les solennités qui sont exigées pour sa confection (2).

Dans son discours sur les quatre états, l'Hôpital veut « que le prince les gouverne de manière

(1) Ordonn. de Moul., art. 81.

(2) C'est de là que Loisel, dans ses *Institutions du Droit français*, fit son célèbre axiome, *si veut le roi, si veut la loi*, qui donne une si haute idée de la dignité d'un roi, et que quelques-uns ont regardé comme un axiome de servitude, qu'on a supposé avoir été imaginé dans un siècle, où l'on avoit des idées bien plus justes de la liberté, que dans celui où l'on en a tant parlé.

» que la substance de l'un ne passe pas à l'autre, » et que toutes les parties du corps politique » aient également leurs moyens d'existence. Le » peuple doit être surtout le principal objet de » ses soins. C'est lui qui nourrit les autres états, » et qui est la source première des biens dont » ils jouissent.

» Le peuple, en payant un tribut annuel, est » comme un arbre qui rapporte tous les ans; » c'est une source qui ne tarit point. Il faut par » conséquent le traiter avec ménagement : Un » bon pasteur qui aime son troupeau,

En doit prendre la laine et lui laisser la peau (1).

» Il faut qu'il soit à couvert des vexations des » militaires; que les financiers n'inventent pas » sans cesse de nouvelles impositions pour l'épui- » ser, et que les gens de palais n'achèvent pas » de le dévorer par leurs chicanes ».

En parlant de la noblesse, l'Hôpital blâme avec force ceux de cet ordre qui cherchent à se faire remarquer par le faste de leur parure ou de leurs équipages.

---

(1) Vers de la traduction de Dubellay, du discours sur les quatre états.

« Comme si le moyen de se faire connoître
» Dépendoit de l'habit et non de la vertu
» Dont cet ordre surtout doit être revêtu.
» Ce qui, à l'étranger, donne plus de matière
» De traiter les Français de nature légère,
» C'est la variété de son accoutrement,
» Sujet, comme un protée, à divers changemens.

« Les nobles sont destinés au métier des ar-
» mes, et c'est la raison pour laquelle nos rois
» leur donnèrent des fiefs et les exemptèrent des
» impôts.

» Car la vertu guerrière
» De l'antique noblesse est la vertu première;
» Non l'image en fumée, ou l'or, ou la faveur
» Qui ne peuvent donner les vrais titres d'honneur.

» Le roi, cependant en protégeant la no-
» blesse, doit la soumettre à une discipline sé-
» vère, et l'empêcher surtout de se servir des
» prérogatives qu'on lui accorde, pour outrager
» les foibles ».

L'Hôpital vient après à la magistrature, dont il faisoit, comme nous avons dit, un état à part.

« Le parlement de Paris, premier siége de la
» justice, fut autrefois révéré des princes et des
» rois; c'étoit l'oracle de la France. Le roi le
» regardoit comme son tuteur, et se dirigeoit

» par ses conseils. Nul indigne n'entroit dans » un corps si illustre; l'ambition, l'ignorance, la » jeunesse qui n'étoit qu'opulente, ne pouvoient » en approcher. La vénalité lui avoit fait perdre » tout son lustre ».

L'Hôpital exhorte le roi à en exclure tous les jeunes gens qui n'ont pas fait preuve de savoir; « ils ressemblent trop à ces médecins ignorans » et téméraires qui,

» De pratiquer leur art ne font pas conscience,
» Et par la mort d'autrui font leur expérience.

» Le savoir et l'intégrité, non l'or ou la faveur, » feront les juges; la vénalité sera supprimée » pour qu'on ne puisse plus dire:

» Que ce que l'on achète on peut bien le revendre.

» Pour rendre à la justice sa force et sa consi- » dération, le prince doit en respecter les maxi- » mes, et ne rien se permettre qui puisse les » contrarier ».

L'Hôpital parle enfin du clergé. « Le roi doit » maintenir l'honneur de l'Eglise. Le mépris » pour la religion a perdu bien des états; il » dévaste l'Angleterre, l'Ecosse et l'Allemagne. » La France est bienheureuse de s'être garantie » jusqu'alors des maux qu'il entraîne; mais le

» venin circule dans son sein, il ne faut pas le
» laisser vieillir (1).

» Ce n'est cependant ni par le fer, ni par le
» feu, qu'il faut chercher à l'extirper. Les
» moyens de violence étoient inconnus à l'église
» primitive. Les évêques doivent résider au mi-
» lieu de leur troupeau, l'édifier par leurs exem-
» ples et l'instruire par leurs discours».

L'Hôpital exhortoit ensuite le roi à protéger les lettres à l'exemple d'Alexandre, d'Auguste, et surtout de Charlemagne,

» Qui seul a retiré les lettres du cercueil,
» Et qui seul a reçu Minerve vagabonde,
» Que l'ignorance avoit chassé de tout le monde».

Il finit en faisant des voeux pour le roi, et il prie Dieu de le rendre,

«Et plus heureux qu'Auguste et meilleur que Trajan (2)».

Tel est le précis de ce poëme que nous avons beaucoup abrégé.

Les lois de l'Hôpital ne sont qu'une conséquence des principes qu'il renferme. En répri-

---

(1) Les guerres de religion n'avoient point éclaté encore quand ce poëme fut écrit.

(2) C'étoit le vœu qu'on faisoit autrefois pour les empereurs.

mant les usurpations des grands, et en restituant à l'autorité royale des droits qui en étoient inséparables, il s'attacha à ramener chaque ordre de l'état à l'esprit primitif de son institution, et c'est d'après cela qu'il défendit à la noblesse de faire le commerce (1).

Le but des différens ordres qui composent un état, est de concourir à son bonheur et à sa gloire, chacun dans leurs fonctions. Mais comme ces fonctions ne sont pas les mêmes, l'esprit doit être différent; cette distinction ne seroit plus autrement qu'une chimère.

On reprochoit au clergé beaucoup d'abus. La manière d'élire aux grands bénéfices n'étoit pas bien fixée. La pragmatique-sanction de Charles VII qui etablissoit les élections, vivoit encore dans le cœur des Français. Le concordat de François Ier. et de Léon X, qu'on y avoit substitué, étoit loin d'avoir l'approbation générale. L'Hôpital sembloit avoir concilié tous les vœux et prévenu tous les abus par les règlemens qu'il proposa et qu'il fit adopter aux états d'Orléans. Mais des intrigues de cour dérangèrent bientôt toutes ses mesures.

L'administration de la justice fixa parti-

(1) Ordonn. d'Orl., art. 109.

culièrement son attention. Il étoit si jaloux de n'avoir que des magistrats justes et éclairés, qu'il s'occupoit quelquefois lui-même de leur examen. Brantôme raconte qu'un jour étant avec M. de Strozzi chez l'Hôpital, on vint lui dire qu'il y avoit un président et des conseillers nouveaux qui vouloient se faire recevoir en leurs charges; « Soudain, dit-il, il les fit venir devant » lui, qui ne bougea ferme de sa chaire; les » autres trembloient comme feuille au vent: il » fit apporter un livre du code sur la table et » l'ouvre lui-même, et leur montra l'un après » l'autre une loi à expliquer, leur en faisant » sur elles des demandes, interrogations et ques- » tions; ils lui répondirent si impertinemment » et avec un si grand étonnement, qu'ils ne fai- » soient que vaciller et ne savoient que dire, si » bien qu'il fut contraint de leur en faire une » leçon, et puis leur dire que ce n'étoient que » des asnes, et qu'encore qu'ils eussent près » de cinquante ans, qu'ils s'en allassent encore » aux écoles étudier.

» M. de Strozzi et moi, nous étions près du feu, » qui voyons toutes leurs mines plus ébahies » qu'un pauvre homme qu'on mène pendre. » Nous en rions sous la cheminée tout notre » saoul. — Après qu'ils eurent passé la porte,

» M. le chancelier se tourna vers nous, et nous » dit : voilà de grands asnes ; c'est grande cons- » cience au roi de constituer ces gens-là en sa » justice.

» M. de Strozzi et moi lui dîmes, Monsieur, » possible leur avez-vous donné le gibier trop » gras et plus qu'il n'étoit à leur portée, lors- » qu'il se mit à rire et dire : sauf votre grâce, » ce ne sont que des choses triviales qu'ils doi- » vent savoir (1) ».

Il ne se montre pas moins sévère dans les harangues qu'il eut occasion de faire à différens parlemens. Voici quelques fragmens de son discours à celui de Bordeaux, tenu pendant un voyage de Charles IX dans cette ville.

« Le roi, Messieurs, est venu en ce pays, » non pour voir le monde comme aucuns disent, » mais pour faire comme un bon père de famille, » pour savoir comment l'on vit chez soi..... Il » s'est enquis de son peuple et de sa justice, et » a trouvé beaucoup de fautes dans ce parle- » ment..... La première, c'est de ne garder les » ordonnances, en quoi vous désobéissez au roi. » Si vous avez des remontrances à lui faire, » faites-les, et connoîtrez après sa dernière vo-

(1) Vie du connétable de Montmorency.

» lonté..... Mais vous estimez tant vos arrêts, » que les mettez par-dessus les ordonnances » que vous interprétez comme il vous plaît. J'ai » cet honneur de lui être chef de sa justice, » mais je serois bien marri de lui faire une in- » terprétation de ses ordonnances de moi-même, » et sans lui communiquer.

» On vous accuse de beaucoup de violences. » Vous menacez les gens de vos jugemens et » plusieurs sont scandalisés de la manière dont » faites vos affaires, et surtout vos mariages. » Quant on sait quelque héritière, quant et » quant, c'est pour M. le conseiller, et l'on passe » outre, malgré les inhibitions.

» Il y en a entre vous qui, pendant ces trou- » bles, se sont faits capitaines, les autres com- » missaires des vivres. Ce sont gens qui ne savent » faire leur état, et feroient bien d'y renoncer; » et puis ils s'en vont excusant les meurtres qui » se sont faits, en disant : c'étoit un méchant » homme. Mais il n'appartient à aucun de tuer, » encore qu'il fût un méchant homme. Il faut » laisser faire la justice; prenez exemple à votre » roi : lui a-t-on jamais ouï dire, je ferai pen- » dre celui-ci, je ferai mourir celui-là.

» Messieurs, je crains qu'il n'y ait céant de » l'avarice; car on m'a dit qu'il y en avoit qui

» prenoient pour faire bailler des ordonnances ; » et quand on le leur reprochoit, ils répon- » doient, *c'est bien pis à la cour, et c'est-là* » *que sont les gros larrons*. Mais il n'est pas bien » fait ne là, ne ici ».

L'Hôpital avoit été aussi frappé des abus qui s'étoient introduits dans le barreau ; il auroit voulu que les avocats fussent moins verbeux, et surtout qu'ils n'employassent pas leurs talens à faire triompher l'injustice. Ses réflexions à ce sujet sont contenues dans une épître adressée au chancelier Olivier, à l'occasion de la célèbre affaire de Cabrières et de Mérindol, villages de Provence entièrement ruinés sous François Ier. en vertu d'un arrêt du parlement d'Aix, sous prétexte de religion. Les principaux magistrats de cette cour avoient dirigé l'expédition et autorisé toutes les horreurs qui s'y commirent (1). Ils étoient vivement protégés à la cour, et pendant tout le règne de François Ier., les infortunés habitans de Mérindol s'efforcèrent vainement de faire entendre leurs plaintes. Ce prince, en mourant, ordonna de faire justice. Cette affaire fut renvoyée au parlement de Paris, où on la plaida pendant cinquante audiences.

(1) *Thuanus histor., lib. VI.*

Le principal accusé étoit Meinier d'Oppède, premier président du parlement d'Aix. On prétendoit qu'il n'avoit agi dans tout cela que par animosité contre le seigneur de Mérindol, son voisin.

L'Hôpital étoit peut-être des juges. Étranger aux intrigues qui dérobèrent les accusés au châtiment qu'ils méritoient, il croyoit bonnement qu'ils devoient la faveur qu'on leur témoignoit, à l'éloquence de leurs avocats. L'épître dont nous parlons fut écrite après que les plaidoiries eurent commencé, mais avant le jugement définitif. Il en prévoyoit l'issue. Après avoir rappelé les grands effets que l'éloquence avoit produits dans le barreau d'Athènes et de Rome, il dit qu'on venoit de voir encore un exemple de son pouvoir, dans une cause où il n'étoit point question d'intérêt pécuniaire, mais de violence, de meurtre et des plus horribles excès.

« Lorsqu'Aubri (1), ajoute-t-il, a eu pré-
» senté le long récit de ces hommes indigne-
» ment assassinés, de ces femmes les cheveux
» épars, livrées à tous les outrages, de ces villages
» dévastés et incendiés, quels soupirs et quels

(1) Avocat des habitans de Mérindol.

» gémissemens se sont fait entendre jusque vers » les degrés du palais ! On demandoit de partout » qu'on inventât de nouveaux supplices, pour » punir des scélérats indignes de voir le jour. » On voyoit sur le visage du premier président » qu'il étoit convaincu, et il sembloit prêt à se » lever de son siége pour recueillir les voix des » juges.

» A peine Aubri avoit cessé de parler, que » Robert, avocat des accusés, prend sa place. » Tout le monde étoit indigné de son audace. » On ne croyoit pas qu'il pût rien alléguer » pour leur justification ; il commença cepen- » dant, et il parla d'une manière si propre à » calmer les esprits, qu'en peu d'heures il fit » que ceux qui vouloient d'abord qu'on con- » damnât les accusés sans les entendre, furent » d'avis de les absoudre.

» Les maux d'autrui ne nous touchent que » foiblement, et l'on voit tarir bientôt les larmes » qu'ils nous font répandre. Je ne cherche point » à pénétrer quelle sera l'issue de cette discus- » sion ; fasse le ciel que l'éloquence ne triomphe » pas de la vérité, et que des préventions injustes » n'égarent pas les juges (1) ! L'éloquence exerce

(1) C'est ce qui arriva. Les principaux coupables fu-

» un pouvoir bien redoutable sur le cœur des » hommes.

» Mais voudriez-vous réduire les avocats au » silence, ou que, pour éviter leurs embûches, » les juges eussent les oreilles bouchées, comme » ceux qui redoutoient les chants des syrènes ? » Il faudroit donc revenir aux usages barbares » de nos pères, et décider les procès par des » combats en champ clos. Non, sans doute, je » ne veux rien de cela ; mais qu'il y eût de la » mesure en tout ; qu'on ne parvînt point à » déguiser la vérité par de belles paroles, et » que la langue, plus puissante que les lois, » n'eût pas la force d'opprimer la justice et de » faire triompher une mauvaise cause.

» Si on choisissoit les juges avec discernement » et non au hasard, si on ne les prenoit que » parmi des hommes d'un âge mur et d'une » conduite éprouvée, s'ils joignoient à l'instruc- » tion la pratique des lois et du palais, s'ils » étoient enfin équitables, désintéressés, inac- » cessibles à la faveur et à la haine, les avocats » tenteroient en vain de les séduire par leurs » discours (1) ».

---

rent absous. Il n'y eut qu'un avocat général, nommé Guérin, auquel personne ne prenoit intérêt, qui eut la tête tranchée. L'arrêt fut rendu le 13 février 1552.

(1) *Epistolar.*, *lib. II*, *p.* 89 *et seq.*

L'Hôpital étoit d'autant plus affligé de la corruption qui infestoit la magistrature et le barreau, qu'il la regardoit comme la principale cause de la multiplicité des procès, qui étoit, suivant lui, un des plus redoutables fléaux de la société.

Nous avons vu ailleurs quel dégoût il avoit conçu, dès son entrée dans la magistrature, pour les fonctions de juge, et pour ce spectacle des débats les plus honteux des passions humaines, qui le fatiguoient sans cesse.

Il exprima son indignation contre le procès, dans une satire qu'il publia en 1549, sans y mettre son nom. Elle fut si bien accueillie, que des savans de ce temps, tels que Barthius et Boxhornius la prirent pour l'ouvrage d'un ancien, qu'on avoit nouvellement découvert (1). Ils s'empressèrent en conséquence d'y faire des notes et des scolies. Ils ne furent pas médiocrement surpris, quand ils surent que l'Hôpital en étoit l'auteur. Voici quelques passages de cette satire.

« O procès barbares, débats cruels des plai-
» deurs, enfans des Furies et de l'Erèbe, qui
» déchirez si impitoyablement les cœurs des
» mortels, monstres les plus affreux que Jupiter

---

(1) *Colomesiana*, *pag.* 551, édit. Amsterd.

» en courroux ait pû lâcher sur la terre, vous
» troublez le repos et le sommeil de ceux qui se
» livrent à vos fureurs, vous brisez les liens les
» plus sacrés de la nature, et vous mettez aux
» mains des hommes parmi lesquels devroit ré-
» gner une concorde éternelle! avec vous rien
» n'est assuré, rien n'est stable.....

» Mais l'issue des procès vaut sans doute
» mieux que leur début; par eux le fer se
» change en or; et l'on est enfin amplement ré-
» compensé de ses peines et de ses larmes. — Un
» procès, quel qu'en soit l'objet, est toujours
» long et funeste; vainqueur ou vaincu, votre
» espoir est trompé; celui même à qui le succès
» reste, n'obtient pas la millième partie de ce
» qu'il a dépensé.

» Que faut-il davantage pour détourner les
» hommes de se donner en spectacle sur l'arène
» du barreau, surtout quand la victoire même
» n'est suivie d'aucune gloire? Que de bassesses
» indignes de gens d'honneur on est obligé de
» faire! Combien n'en voit-on pas assis dès le
» matin à la porte d'un scribe, le suivant au
» palais, et le ramenant chez lui! A peine l'au-
» dience s'ouvre, que pour y avoir accès, hum-
» bles et supplians, ils s'approchent des huis-
» siers, placés sur leurs siéges et fiers de la

» baguette qu'ils portent à la main. S'ils en sont
» rebutés, ils se glissent dans la foule, où, pres-
» sés de toute part, ils deviennent l'objet de la
» risée des assistans, et reçoivent quelquefois
» de fortes contusions.

» Mais, me direz-vous, je suis un homme sans
» étude; je ne connois point les ouvrages d'Aris-
» tote et de Platon; mon père m'a soigneusement
» recommandé de veiller à mes intérêts, de dé-
» fendre par tous les moyens les biens qu'il me
» laisseroit. Que puis-je faire de mieux, de
» recourir pour cela à l'appui des lois et des
» magistrats?

» En blâmant les procès, je ne veux point
» bannir les lois et ceux qui les interprètent.
» Quel état pourroit subsister, sans la loi qui
» punit le vice et récompense la vertu? c'est un
» présent précieux que les dieux nous ont fait.
» Mais qui sont aujourd'hui ceux qui en appro-
» chent avec des mains pures? Les cœurs dégé-
» nérés sont corrompus par le désir d'un gain
» sordide; ainsi une courtisanne affecte de pren-
» dre l'extérieur d'une femme vertueuse. La pu-
» deur s'est depuis long-temps envolée au ciel; il
» n'en est resté sur la terre que l'image et les
» apparences.

» Le mal vient de ce que les procès, quand
» ils

» ils sont nombreux et importans, deviennent » une mine féconde. Il faut donc les exciter, et » répandre dans les cœurs l'ardeur de nuire et » la soif de plaider. Si la loi s'oppose à nos pré- » tentions, si le juge se montre trop sévère, » trouvons les moyens d'éluder l'une et d'adou- » cir l'autre. Ainsi commencent les procès et » s'engendrent les uns les autres.

» Voyez-vous cet angle qui s'avance au-delà » de la grand'chambre, près de la boutique de » Galiot, où ce vieillard, venu de Milan ou de » Gênes, vend du rouge et des essences (1); » c'est un écueil où un grand nombre de plai- » deurs a déjà fait naufrage, et où toute leur » fortune s'est engloutie. C'est là que l'on ap- » prend l'art de voler, de séduire les juges, de » prolonger un procès à volonté, et de rendre » bon celui qu'on avoit d'abord trouvé mau- » vais; c'est là que les coupables achètent l'im- » punité.

» Cet art inique ne se trouve ni dans nos lois, » ni dans celles des Romains; les suppôts de

(1) Je ne sais comment, d'après cette circonstance et d'autres qui indiquent un ouvrage récent, des savans ont pu croire que c'étoit celui d'un ancien.

» palais l'ont inventé pour s'enrichir. Les lois » défendent le vol : elles recommandent de veiller à l'intérêt d'autrui plutôt que d'y nuire. » Elles veulent qu'on termine ses procès à l'amiable, qu'on conserve ses mains pures, qu'on » sache mettre un terme à ses dépenses, et qu'on » ne cherche pas dans les malheurs d'autrui les » moyens d'y satisfaire. En diminuant les procès, » on augmente l'union parmi les hommes ; c'est » le but et la fin des lois (1) ».

Dans une autre épître à Marillac, archevêque de Vienne, où il traite des misères de chaque état, il dépeint assez bien celles des plaideurs. « Suivez-moi, lui dit-il, et pénétrons dans le » barreau ; voyez si vous y trouverez quelque » chose qui puisse indemniser des peines conti» nuelles qu'on y éprouve. Souvent le plus léger » prétexte donne lieu à un grand procès entre » des voisins, des amis, des parens. Infortunés, » il faut qu'ils quittent leurs foyers, une tendre » épouse, des enfans chéris, pour aller à la ville » solliciter les juges. Là, il faut supporter les » regards dédaigneux d'un portier avare, et » ensuite l'abord sérieux et les hauteurs du » maître. Mais que de courses, dans les rues,

(1) *Epistolar, lib. II, p.* 84 *et seq.*

» avant de trouver ceux avec qui on a affaire?
» L'avocat reste dans un quartier, le procureur
» dans un autre; les juges sont disséminés dans
» toutes les parties de la ville; tandis que vous
» courez chez l'un, l'autre vous échappe; sou-
» vent vous êtes prévenus par des plaideurs plus
» diligens ou par votre adversaire. Que de fati-
» gues, de sueurs et de sollicitudes l'on éprouve
» pour faire écouter sa défense ! De quelle ter-
» reur on est saisi au moment où le jugement va
» se rendre ! Quel coup de foudre pour le plai-
» deur éperdu, que l'arrêt qui le condamne !

» Il y a cependant, direz-vous, de la satis-
» faction à gagner; sans doute, si la victoire
» mettoit un terme à nos peines. Mais un chi-
» caneur ne se tient jamais pour battu; bientôt
» il imagine un nouveau procès, pire que le
» premier. Il s'oppose, il appelle, il récuse les
» juges. Il n'est de moyen qu'il n'emploie pour
» rendre la victoire inutile. A la fin, le vain-
» queur et le vaincu sont également fatigués;
» leur bourse est épuisée. Le fisc et les gens du
» palais se sont partagés leurs dépouilles (1) ».

Les lois de l'Hôpital avoient pour objet de garantir les citoyens de ces maux. Nous ne les

---

(1) *Epistol.*, *lib. II*, *p.* 126.

rappellerons point ici en détail; ce seroit un travail aussi inutile que fastidieux. Simplifier les formes judiciaires, qu'une imitation trop servile de celles du droit romain avoit extrêmement multipliées dans les temps antérieurs, réduire le nombre des juges et des tribunaux, ne laisser subsister que ceux qui étoient nécessaires pour éclaircir les procès et non pour en entraver la marche, telles furent les opérations fondamentales de la réforme qu'il fit dans la procédure judiciaire. Elles ont servi de modèle à tout ce qui s'est fait dans les siècles suivans.

CHAPITRE XII.

Vues de l'Hôpital sur l'éducation. Moralité de ses lois. Satire contre le luxe. Loi contre l'usure. Ses principes sur la liberté d'écrire.

L'Hopital étoit tout à fait dans la pensée de cet ancien qui disoit que les lois ne pouvoient rien, si les mœurs ne les étayoient. « Les mœurs, » dit un homme célèbre, sont plus importantes » que les lois; c'est d'elles que les lois dépen- » dent. La loi nous atteint, mais seulement dans » quelques momens et par quelques points. Les » mœurs, semblables à l'air que nous respi- » rons, agissent d'une manière constante, uni- » forme, insensible; elles nous irritent ou nous » calment; nous corrompent ou nous purifient; » nous exaltent ou nous dépriment; nous polis- » sent ou nous rendent grossiers. Elles donnent » à notre vie entière leur forme et leur couleur, » selon qu'elles sont bonnes ou mauvaises; elles » aident la morale, la remplacent ou la dé- » truisent ». Les lois publiées par l'Hôpital avoient toutes pour but le maintien des bonnes mœurs; mais il ne suffisoit pas de travailler à les conserver, il falloit auparavant les faire naître et les imprimer dans les cœurs par une bonne éducation. L'Hôpital avoit sur cela des projets très-vastes, et que les distractions que lui causèrent les désordres du temps et les obstacles qu'éprouvent presque toujours les idées utiles l'empêchèrent d'exécuter. Il vouloit distribuer en quatre classes les ordres religieux, qui existoient alors, et les employer au service des hôpitaux et à l'instruction publique; et c'est sans doute par une suite de cette idée qu'il protégea les Jésuites dans leur procès avec l'Université, ainsi que nous l'avons déjà dit. Un écrivain étranger, et de plus protestant, à qui les écrits et les projets de l'Hôpital étoient probablement inconnus, censure vivement l'Assemblée constituante, pour n'avoir pas employé les corporations religieuses, de la manière dont l'Hôpital se proposoit de le faire. « De telles institutions, dit-il, sont » le fruit de l'enthousiasme; elles sont aussi les » instrumens de la sagesse. Il n'est pas au pou- » voir de la sagesse de créer des matériaux; ils » sont les dons de la nature et du hasard; mais » le mérite de la sagesse est de savoir en faire » usage; dans les corporations, la perpétuité » de leur existence et de leurs fortunes est une

» chose précieuse dans les mains d'un homme » qui a de longues vues, qui médite de ces » projets que le temps seul peut consommer, » et qui, dès qu'ils sont exécutés, n'ont de va- » leur que par leur durée. Ils ne méritent cer- » tainement pas un rang bien élevé, ni même » d'être cités au nombre des hommes d'état, » ceux qui, ayant eu à leur disposition absolue » la direction d'un pouvoir de cette nature, si » précieux par ses richesses, par sa discipline » et par son régime habituel, n'ont su trou- » ver aucun moyen de faire tourner toutes » ces choses à l'avantage réel et permanent » de leur pays. A la vue d'un tel moyen, mille » usages s'offrent d'eux-mêmes à un esprit » inventif (1) ». Ils n'avoient point échappé à celui de l'Hôpital.

Au reste, la partie la plus morale de sa législation lui a attiré de vives censures de la part des panégyristes de 1777. Peu s'en faut qu'ils ne le peignent comme un barbare, pour avoir fait des lois somptuaires, et avoir tenté de réprimer le luxe de son siècle. Ce n'étoit point cependant une nouveauté dans la législation

---

(1) Burke, Réflexions sur la révolut. de France, p. 337.

française. On y trouve des lois somptuaires renouvelées presque de règne en règne depuis Charlemagne. Outre le but moral de ces lois, elles en avoient un économique. Les objets de luxe venoient alors de l'étranger, et les Français ne pouvoient contenter leurs fantaisies en ce genre, qu'en appauvrissant l'Etat. L'Hôpital fut sans doute touché de ce motif; mais la plaie que le luxe faisoit aux mœurs l'affectoit bien davantage. Il mettoit la vertu avant l'argent, et il pensoit que le luxe, en irritant toutes les passions, devoit exciter dans les âmes une cupidité capable à la longue de bouleverser les empires. Il va lui-même nous développer les motifs de sa croyance, dans une *Epître sur le Luxe*, adressée au premier président Christophe de Thou. C'est une des plus énergiques et des plus éloquentes qui soient sorties de sa plume.

« La France entière est corrompue. Il n'y a » plus rien de sain dans un si vaste corps; le » luxe a tout gâté; c'est le signe certain d'une » catastrophe générale; elle s'avance sans qu'on » s'en doute; c'est au milieu des plaisirs qu'elle » nous surprendra, semblable à cette herbe de » Sardaigne, qui donne l'air riant à ceux qu'elle » empoisonne.

» La fortune publique et privée se perd dans
» ces repas somptueux, dans ces fêtes bril-
» lantes, au milieu des chants et des danses,
» plus voluptueuses que celles des Maures; où
» les femmes parées au-delà de leurs facultés
» arrivent escortées par un nombreux domes-
» tique, traînées sur un char fastueux, triom-
» phant ainsi avec pompe de leurs maris vaincus.
» Mais ces maris valent-ils mieux qu'elles? La
» débauche, le jeu ne dévorent-ils pas ce patri-
» moine amassé avec tant de peine par leurs
» ancêtres? Qu'importe, ils s'en dédommage-
» ront sur le trésor public. Cette affreuse con-
» tagion se répand jusque dans les plus basses
» classes; l'état entier en est infecté. Personne
» n'est plus content de ce qu'il a. Les fortunes
» les plus opulentes ne suffisent plus à des désirs
» effrénés. Il faut envahir le territoire de nos
» voisins; susciter des guerres injustes, et don-
» ner lieu à tous les désordres qu'elles entraî-
» nent.....

» Du temps de nos pères, on ne connoissoit
» presque pas les habits de soie. On ne portoit
» que des vêtemens de laine, d'un prix modi-
» que. Aujourd'hui le revenu d'un fond suffit
» à peine pour avoir un habit. On ne connois-
» soit pas non plus ces palais construits et

» meublés avec un faste royal; le domestique » consistoit dans une humble servante, qui se » plaignoit souvent de l'excès du travail; la » sobriété régnoit dans ces demeures chétives.

» La première vertu étoit alors de savoir » comprimer ses passions, et s'habituer à une » heureuse médiocrité. Les voluptés qui nous » entraînent, nous ont rendu ce genre de » vie insupportable. La vertu n'est pour nous » qu'un tyran importun et cruel. Que dis-je, » nous manquons assez de pudeur, pour don- » ner le nom de vertu aux vices les plus hon- » teux. L'économie n'est plus qu'avarice; et la » prodigalité que largesse. Quelle admiration, » quels éloges ne donne-t-on pas à ceux qui » tiennent une table recherchée, et dont les » maisons ne sont ouvertes qu'aux comédiens, » aux courtisannes et aux parasites....?

» Quelle fureur, quelle extravagance s'est » donc emparée de nous! personne ne se sou- » vient plus ni de sa première fortune, ni des » aïeux dont il est sorti....

» Le luxe est le plus vorace de tous les mons- » tres. Que de peines et de soucis pour suffire » aux dépenses qu'il exige! Les moyens sont » indifférens. De là ces gains immodérés; ces » conseils payés au prix de l'or; cette éloquence

» vénale des avocats, que leurs cliens sont dans
» l'impuissance de payer ; de là ces usures énor-
» mes, ce haut prix des denrées et de la main-
» d'œuvre, qui s'accroissent à chaque instant
» et qui menaçent de faire périr de faim tant
» de malheureux. O puissance sacrée des lois
» romaines, êtes-vous donc pour toujours pros-
» crite de chez les vivans ! O lois, *Opia et Fan-*
» *nia* (1) ! puisse la faveur céleste nous donner
» un homme, qui déracine de nos cœurs ces
» erreurs funestes, et mette quelques bornes
» aux dépenses immodérées de notre âge. Mais
» nos maux touchent à leur dernier terme ;
» l'idée de Dieu est bannie de nos cœurs. Nous
» disputons sur la religion et nous en méprisons
» les préceptes et les dogmes sacrés. Dès - lors
» notre esprit plongé dans les ténèbres est ou-
» vert de toute part à l'erreur. Nous marchons
» sans guide et sans conducteur, et nous ne for-
» mons plus que des vœux insensés. Chacun
» mécontent de son sort, envie celui des autres.
» On voudroit forcer la nature pour se procu-
» rer de nouvelles jouissances. Il faut finir, pour
» qu'on ne croit pas que j'exagère en disant la
» vérité. Mais je crains, si mon Apollon n'est

(1) Lois somptuaires des Romains.

» point menteur, que tant de causes réunies » n'amènent enfin sur la terre un bouleverse- » ment universel (1) ».

L'Hôpital, suivant Guibert, paya encore tribut aux préjugés de son siècle, en faisant des lois sévères contre les usuriers; *lois injustes*, dit-il, *parce que l'argent est une marchandise, et qu'à ce titre il doit rester libre*. C'est-là un sophisme très-moderne, et qui a paru néanmoins si imposant à M. de Bonald, qu'il a fait pour le réfuter dans le Mercure des efforts extraordinaires d'imagination, qui paroissent peu dignes d'un esprit aussi solide que le sien. Que l'argent soit marchandise ou non, s'ensuit-il que ceux qui le possèdent puissent s'en servir d'une manière nuisible pour autrui, et même pour la société entière! Est-ce dans le siècle où l'on a ébranlé et peut-être même détruit toutes les bases de la propriété, qu'on viendra y donner une extension aussi exagérée? La propriété n'a été établie et n'est protégée que pour l'avantage de tous. Des champs possédés en commun auroient été mal cultivés; les productions en auroient été presque nulles. En les distribuant aux particuliers, on a fait le bien

(1) *Epistol.*, *lib. IV*, *p.* 214.

général. Celui qui a du superflu le reverse dans le commerce. Mais quand ses besoins sont satisfaits, il n'a pas le droit d'affamer les autres, en mettant à un trop haut prix ce qui lui reste. On a pu laisser sans inconvénient à chacun la libre disposition des objets de luxe ou de fantaisie qu'il possède, mais non de ceux dont dépend l'existence des individus, et par conséquent celle de la société. C'est pour cela qu'on taxe partout les choses de première nécessité, le pain, la viande, et qu'on ne taxe nulle part les diamans et les tableaux, quoique toutes ces choses soient également marchandises dans les mains de celui qui les possède.

Cicéron, dans son *troisième Livre des Offices*, pose le cas d'un marchand de blé, qui arrive avec un vaisseau chargé de cette denrée, dans un lieu où la famine règne. Il a rencontré chemin faisant d'autres vaisseaux chargés de la même manière. Il demande si le marchand, dans le dessein de vendre son blé plus cher, doit taire cette circonstance. Des casuistes philosophes soutenoient qu'il le pouvoit. D'autres étoient d'un avis différent, et Cicéron juge qu'ils avoient raison. C'est violer, suivant lui, tous les droits de la société, que de chercher à s'enrichir des malheurs d'autrui. Il n'y a qu'un homme méchant, artificieux, cupide, qui puisse celer la vérité dans un cas pareil.

L'argent qui n'est pas proprement une marchandise, mais le signe qui les représente toutes, est d'un usage indispensable au commerce journalier de la vie. Or, s'il est nécessaire de fixer le prix de certaines marchandises, à plus forte raison celui du signe qui les représente. L'usure qui l'élève à un taux arbitraire et exorbitant, est en plusieurs cas un assassinat, ainsi que le qualifioient les Romains.

Il est vrai que Guibert ajoute que le contrat étant volontaire entre le prêteur et l'emprunteur, il n'y a point de lésion pour ce dernier. C'est supposer qu'on n'emprunte jamais que par spéculation; mais tous les hommes sont-ils en état de bien spéculer? Le devoir des lois n'est-il point de les protéger contre leurs propres illusions, autant que contre les surprises qu'on pourroit leur faire? Peut-on d'ailleurs feindre d'ignorer que c'est le besoin et le malheur qui forcent le plus souvent de recourir aux emprunts?

L'Hôpital, en faisant ordonner des poursuites rigoureuses contre les usuriers, et en fixant par une loi l'intérêt de l'argent, étoit dirigé par le principe d'une morale aussi pure qu'éclairée (1).

Le dernier reproche qu'on a fait à l'Hôpital, est d'avoir établi une censure pour les livres, et gêné la liberté de la presse en établissant des peines contre les auteurs des libelles et des écrits séditieux (2). Pour bien apprécier ce reproche, il faut faire attention que, dans les temps de factions où vivoit l'Hôpital, les libelles étoient un des moyens les plus actifs de fomenter la discorde et d'irriter les passions; les supprimer, c'étoit ôter les armes à des furieux.

Au reste, les mœurs de l'Hôpital, quoique

---

(1) Dans le préambule de l'édit de 1567, il est dit que la cupidité des usuriers avoit causé la ruine d'une infinité de citoyens; que depuis qu'on s'étoit écarté sur l'usure des maximes des empereurs romains, qu'on suivoit encore en Allemagne, en Suisse et en plusieurs autres pays, les négocians avoient abandonné le négoce pour placer leur argent à intérêt, y trouvant plus de profit sans nul danger; que la France, obligée de se pourvoir de marchandises à l'étranger, y envoyoit son or et son argent; que l'agriculture en souffroit également, et que la plupart des fermes étoient abandonnées, parce que les laboureurs préféroient de mettre à intérêt l'argent qu'ils auroient pu employer en capitaux de labour, etc.

(2) Ordonn. de Moulins, art. 77.

très-austères, n'en étoient pas moins douces. Il n'aimoit pas plus la licence dans les écrits que dans les autres actions. Il s'explique très-bien à ce sujet dans un petit poëme sur la liberté d'écrire, dont voici la traduction :

« Beaucoup de gens, dit-il, se plaisent à lire » les écrits mordans et satiriques, et se diver- » tissent à voir gourmander sévèrement les vices » d'autrui. La plupart cependant préfèrent les » vers sans fiel, tels qu'on en fait à la cour. Ils » ont chacun leurs raisons. Entreprendre de » réformer les mœurs des hommes et d'extirper » les vices de leurs âmes par des écrits, c'est un » travail digne d'Hercule. Il doit déplaire à ceux » qui se reconnoissent dans les portraits du » poëte, et qui trouvent que ce sont leurs crimes » qu'il a voulu peindre.

» Mais vaut-il mieux, en n'offensant per- » sonne, charmer son lecteur par des vers légers » ou par des flatteries propres à corrompre le » meilleur caractère : loin de nous ce dernier » moyen, indigne d'un homme d'honneur. Je » ne veux point aussi qu'on écrive des satires, » et qu'on note, par un vers mordant, les per- » sonnes dont on parle. Il faut louer avec me- » sure et censurer de même ; on peut, s'il le » faut dans le dernier cas, élever la voix et

» prendre

» prendre l'accent de la douleur. Ne nommez » cependant jamais celui qui est l'objet de votre » censure; ne le désignez pas même de manière » qu'après vous avoir entendu, chacun porte » sur lui des regards d'indignation.

» Naguères, l'Arétin s'étoit enfermé dans les » murs de Venise. Là, comme du haut d'une » forteresse inaccessible, l'insolent lançoit ses » traits satiriques sur tous les rois de l'Europe, » et donnoit un libre cours au venin de sa lan- » gue. On lui envoyoit de partout des présens » pour l'appaiser, tant est grande la puissance » de la plume d'un poëte avare. Mais ni l'asile » qu'il trouvoit dans la maîtresse de la mer » Ionienne, ni les marais qui l'environnent, ne » purent le mettre à l'abri du châtiment qu'il » méritoit (1) ».

Nous n'avons fait qu'indiquer rapidement les dispositions que la France doit au génie législatif de l'Hôpital. La nature de cet ouvrage ne nous permettoit pas de nous étendre davantage. Il fit peu de lois sur des objets particuliers, et il laissa

(1) *Epistolar.*, *lib. VI*, *p.* 318. Des princes d'Italie, que l'Arétin avoit offensés par ses écrits, lui firent donner des coups de bâton. François Ier. et Charles-Quint lui envoyoient des présens considérables pour en être épargnés.

à chaque province les coutumes auxquelles elle tenoit par ses habitudes. On n'auroit point trouvé alors pour faire un bouleversement, dont l'utilité est au moins problématique, les facilités qu'on y a rencontrées de nos jours. Tout ce qu'on peut ajouter à la louange de l'Hôpital, c'est qu'il apperçut d'une manière très-juste ce qui convenoit aux choses et aux circonstances. Il donna à l'ancienne constitution de la monarchie française, la forme qu'elle a conservée jusques à sa destruction. Ses lois ne furent point faites au hasard; elles sont le résultat d'un jugement solide, d'une combinaison profonde et d'un amour éclairé de la justice et de l'humanité. Bien loin de devenir des piéges pour la simplicité et la bonne foi, elles leur servoient d'égide contre la ruse et la fraude. Les personnes instruites dans ces matières, et dont l'opinion doit seule faire autorité, ont regardé les ordonnances publiées dans le 16e. siècle, et surtout sous le ministère de l'Hôpital, comme les plus parfaites que la France ait eues, et comme le fond de toutes celles utiles, qui ont été faites dans la suite par nos rois, et qui ne sont presque que des conséquences ou des accessoires de ces lois fondamentales (1).

(1) Pasquier, Lettres, liv. XIX, lett. 14, p. 575, 576. D'Aguesseau, tom. XIII, pag. 441.

NOTES.

NOTE PREMIÈRE.

JEAN MOREL, seigneur de Grigni et du Plessis-le-Comte, à qui cette épître est adressée, étoit un gentilhomme originaire d'Ambrun en Dauphiné. Il fut valet de chambre et ensuite maître d'hôtel du roi. Il se mêloit de poésies, et il eut des liaisons avec les hommes de lettres les plus fameux du seizième siècle. Sa maison étoit un vrai Parnasse. Antoinette de Loines, sa femme, étoit poëte. Il eut d'elle trois filles illustres, Camille, Lucrèce et Diane; on les appeloit les trois Grâces. La première étoit la plus savante; elle possédoit parfaitement le grec, le latin, l'italien et l'espagnol. Elle faisoit des vers en grec et en français. Lucrèce ne savoit que le grec et le latin; Diane, la moins savante des trois, l'étoit encore beaucoup. Tous les poëtes du temps adressèrent leurs hommages à ces filles merveilleuses.

Nous avons encore des fragmens d'une épître que l'Hôpital leur écrivit peu de temps avant sa mort, où il loue leurs talens et leurs vertus (1). Il y a un passage concernant la Saint-Barthélemy, que nous avons rapporté plus haut (2). L'Hôpital étoit très-lié avec leur père,

(1) *Carmin Miscellan.*, *pag.* 432.

(2) Ci-dessus, pag. 141.

auquel, outre l'épître dont il est question dans le texte, il en adressa une autre sur la nécessité où sont les mères de nourrir leurs enfans (1). Jean Morel mourut à Paris en 1561, âgé de soixante-dix ans. Lucrèce et Diane, deux de ses filles, l'avoient prédécédé.

NOTE II.

Sur l'époque où l'usage des carrosses s'introduisit en France.

Il y a dans le texte :

Tùm longè videas fervere angusta viarum
Curribus, et bubulo contectis tergore rhedis.

L'Hôpital distingue, comme on le voit, les chars ou voitures des chariots ou charrettes couvertes de peau de bœufs; cependant des monumens sur l'authenticité desquels on ne peut guère élever des doutes, indiqueroient que l'usage des voitures étoit très-récent et peu commun. On trouve à la vérité dans le Recueil des ordonnances, un édit de l'an 1294, attribué à Philippe-le-Bel, dont le premier article porte que *nulle bourgeoise n'aura char* (2). La Thomassière qui est le seul à faire mention de cette ordonnance dans son commentaire sur la coutume de Beauvoisis, prétendoit l'avoir trouvée dans le registre noir du Châtelet. Elle est évidemment supposée. Il n'y avoit alors ni char ni voiture. Les femmes, les reines mêmes n'alloient qu'en litière et à cheval. On voit, près d'un siècle après, la fameuse Isabelle

(1) *Epistol.*, *lib.* 3, *pag.* 141.
(2) Tom. I, pag. 541.

de Bavière faire son entrée à Paris dans une litière. On croit communément que Catherine de Médicis est la première qui ait eu un carrosse ou un coche, comme on disoit alors. Brantôme, dans la Vie de cette princesse, parle souvent de son coche; il parle aussi de sa litière; l'invention de l'un n'avoit pas fait entièrement abandonner l'autre. De Thou dans ses Mémoires rapporte que ce fut Jean de Laval-Bois-Dauphin, qui, le premier sur la fin du règne de François Ier., se servit d'un carrosse à cause de son embonpoint, qui ne lui permettoit pas de monter à cheval. Il n'y en avoit alors à la cour que deux, dont l'usage étoit venu d'Italie, l'un pour la reine et l'autre pour Diane, fille naturelle de Henri II (1). Catherine de Médicis avoit apporté les coches d'Italie; car on voit dans Rabelais (2), qu'on les appeloit *à la ferraroise*, parce que vraisemblablement c'étoit à Ferrare qu'on les avoit inventés. Ces coches étoient faits comme ceux des messageries, avec de grandes portes de cuir, qu'on abaissoit pour y entrer. Ils étoient réservés dans les commencemens pour les reines et pour les princesses du sang. Jacques de Thou dit que sa mère qui, en qualité de femme du premier président, auroit pu se servir comme les principales dames de la cour d'une litière ou d'un carrosse, dont l'usage étoit encore fort rare en ce temps-là, n'alloit jamais par la ville qu'en croupe derrière un domestique (3). L'abbé Faydit raconte avoir ouï dire à M. Daurat, doyen du parlement, que la vieille maréchale de la

(1) Mém. de de Thou, liv. III.
(2) *Ibid.*, liv. V, ch. 23.
(3) *Ibid.*, liv. III.

Force se souvenoit d'avoir souvent reçu, sous Louis XIII, des visites de la première présidente de Verdun, montée en croupe sur sa mule derrière le clerc de son mari. Le même auteur ajoute que M. de Longueil avoit offert plusieurs fois de lui montrer le bail par lequel Gilles Lemaître, son trisaïeul maternel et premier président, à l'époque à peu près où l'Hôpital sortit du parlement, stipuloit avec les fermiers de sa terre près Paris, *que la veille des quatre bonnes fêtes de l'année et au temps des vendanges, ils seroient tenus de lui amener une charrette couverte, avec de bonne paille fraîche dedans, pour y asseoir commodément Marie Sapin sa femme, et sa fille Geneviève, comme aussi de lui amener un ânon ou une ânesse, pour faire monter dessus leur chambrière, pendant que lui, premier président, marcheroit devant monté sur sa mule, accompagné de son clerc, qui seroit à pied à ses côtés* (1). C'étoit-là sans doute que Sainte-Foix avoit puisé cette anecdote qu'il rapporte dans ses *Essais sur Paris* (2).

NOTE III.

Pierre Duchâtel qu'on nommoit *Castellanus* en latin, natif d'Arc en Barrois, étoit un des savans les plus distingués et les plus estimables du seizième siècle. Après avoir fait en France d'excellentes études, il les perfectionna dans des voyages en Italie, à Constantinople et dans le Levant. A son retour, il trouva accès auprès

(1) Remarq. sur Virgile et sur Homère, p. 175.
(2) Ess. sur Paris, tom. IV, p. 31, 37.

de François Ier. qui aimoit les gens de lettres, et qui reconnut bientôt la supériorité et l'étendue des connoissances de Duchatel. Il disoit de lui que c'étoit le seul dont il n'eût pas épuisé le savoir dans deux ans. Duchatel ne se servit de son crédit auprès de ce prince, que pour lui faire entendre des vérités utiles et courageuses, et faire tourner son amour pour les lettres à leur bien et à leur avancement.

L'Hôpital, au commencement de l'épître dont on rapporte une partie dans le texte, le loue comme le protecteur le plus zélé que les Muses aient eu en France; c'est vous, lui dit-il, qui avez dissipé la barbarie qui les avoit en quelque sorte exilées de ce pays, et qui leur avez rendu la vie, quand elles sembloient être au moment de s'éteindre (1). François Ier. fit Duchatel son lecteur et son bibliothécaire, ensuite évêque de Tulles et de Mâcon. Fleuri II, son successeur, le nomma grand aumônier de France.

Il mourut en 1552 d'une attaque d'apoplexie, qu'il éprouva pendant qu'il prêchoit à Mâcon. L'Hôpital rappelle cette anecdote dans une épître où il cite Duchatel comme devant servir de modèle aux autres prêtres (2).

NOTE IV.

Le chancelier Olivier fut l'ami, le patron, et, jusqu'à un certain point, le modèle de l'Hôpital. On voit par le témoignage de Montaigne, cité plus haut, que les

(1) *Epistolar.*, *lib. I*, *pag.* 53 *et seq.*

(2) Lib. VI.

Si pulchrum est ducibus pugnandó occumbere mortem.

contemporains de ces deux illustres magistrats les avoient mis sur la même ligne *pour la suffisance et la vertu non commune;* mais ils n'ont pas laissé une égale mémoire auprès de la postérité. Celle de l'Hôpital a été bien plus éclatante, et il l'a dû principalement aux événemens politiques dans lesquels il se trouva mêlé, et qui, outre qu'ils ont imprimé des traces si profondes dans notre histoire, lui donnèrent occasion de développer en entier les excellentes qualités de son genie et de son cœur. Olivier, au contraire, occupa la suprême magistrature dans les temps de calme, plus heureux pour ceux qui y vivent, mais moins piquans pour ceux qui ne les voient que de loin; ou s'il entrevit l'aurore de nos troubles, ce ne fut que pour succomber sous le chagrin que cette triste perspective lui causa.

Hors de là, il y eut entre eux de grands traits de conformité. Ils se distinguèrent également par la noblesse et l'élévation de leurs sentimens, par une vertu sans tache et cette droiture inflexible, qui en est la conséquence. Ils étoient tous les deux d'une naissance obscure, avec cette différence cependant que l'Hôpital fut l'artisan de sa propre fortune, tandis qu'Olivier trouva la sienne commencée. Enfin, la jeunesse de l'Hôpital fut troublée par le malheur; celle d'Olivier fut pendant quelque temps dérangée par la licence; mais ramené bientôt dans le droit chemin par les avis de son père, il ne s'en écarta plus le reste de sa vie (1).

(1) Nous trouvons cette particularité dans l'oraison funèbre d'Olivier, prononcée le 29 avril 1560, lors de ses funérailles dans

Ce qu'il y a de plus remarquable dans leurs destinées, c'est qu'ils durent leur avancement à deux princesses du même nom, et toutes les deux d'un mérite au-dessus de leur sexe. Olivier en effet d'abord avocat, ensuite conseiller au grand-conseil, devint chancelier de Marguerite de France, reine de Navarre, princesse fameuse par les agrémens de l'esprit et de la figure, réunissant aux talens littéraires les qualités de l'homme d'état le plus distingué. François Ier., son frère, avoit pour elle une prédilection particulière et recouroit à ses avis dans les occasions difficiles.

---

l'église de Saint-Germain-l'Auxerrois, par Claude Despense, fameux théologien de ce temps et non moins célèbre prédicateur. Voici comment il s'exprime à ce sujet. On pourra y prendre une idée de l'éloquence de ce siècle. « Vrai est que ce jeune écolier, » revenu des universités, se cuida débaucher par compagnie, et » avec les pervers se pervertir..... J'ai, dis-je, ouï dire que peu » s'en fallut que cette olive, que Dieu comme ainsi avoit nommée, » aussi avoit-il destiné d'être belle, fertile, plaisante ès champs de » France : ne faisant encore que bourgeonner et jeter ses fleurs, » ne se démentît, ne portât fruit, ainsi dégénérât en aigret, et » de franc en olivier sauvage, bref ne forlignast..... Parquoi les » petits contes qu'on fait de la verdeur de notre olive, et lors» qu'encore mûre n'étoit, sont ou faulx (et ainsi de pareille faci» lité se peuvent nier qu'alléguer) ou vrais, etc. » Il faut convenir qu'il y a loin d'une telle manière de s'énoncer à celle de Bossuet. A peine cependant s'est-il écoulé un siècle entre ces deux orateurs d'espèce si différente. Celui du seizième siècle jouoit, comme on voit, sur les mots. Il avoit encore pris pour son texte un passage du psaume 51, qui dit : *J'ai été comme un olivier verdoyant dans la maison du Seigneur.* Cette oraison funèbre, qui avoit d'abord été improvisée, fut ensuite travaillée à loisir et imprimée chez Vascosan.

L'Hôpital, comme nous l'avons vu ailleurs, fut aussi chancelier d'une autre Marguerite de France, nièce de la première, et qui ne lui étoit guère inférieure en talent et en beauté (1). Elles aimoient également les lettres et protégoient ceux qui les cultivoient. Olivier n'étoit pas poëte comme l'Hôpital; nous n'avons même de lui aucun ouvrage littéraire; mais la protection dont l'honora la reine de Navarre, faveur dont ne jouirent que des hommes qui montroient de grands talens, suffit pour prouver qu'il n'en étoit pas dépourvu (2).

Aussi le vit-on parcourir rapidement la carrière des honneurs, dans un siècle où le mérite étoit le titre le plus sûr pour les obtenir. Il fut maître des requêtes en 1536, place alors distinguée parce qu'elle n'étoit pas autant multipliée qu'elle le fut dans la suite. En qualité de maître des requêtes, Olivier avoit droit de

---

(1) Il y eut une troisième princesse qui illustra, par sa beauté et son esprit, le nom de Marguerite. Ce fut encore une nièce des deux autres, fille de Henri II, et la première femme de Henri IV. C'est à l'occasion de ces trois Marguerites, que Ronsard dit dans son langage :

> Que dirons-nous encore, France, de tes mérites?
> C'est toi qui a nourri trois belles Marguerites
> Qui passent d'Orient les perles en valeur, etc.

(2) L'auteur de son oraison funèbre dit : *Qu'il fut mis de bonne heure aux écoles, auxquelles pour la première indóle et signe de sa future grandeur tant profita, qu'ordinairement il étoit le premier ou certes des premiers de sa classe.* Et ailleurs il assure *qu'il savoit sur le doigt son Suétone et les autres suivans auteurs des vies des empereurs.* Il est cependant à croire que l'érudition d'Olivier ne se bornoit pas là.

siéger au parlement ; mais pour jouir de cette prérogative, il fut obligé de faire couper sa barbe, qu'il avoit laissé croître depuis que François Ier. en introduisit l'usage à la cour, lorsqu'après avoir reçu une blessure à la tête en 1521, il fit couper ses cheveux. Le clergé et la magistrature, ennemis par état des innovations, résistèrent long-temps à celle-là.

De maître des requêtes, Olivier devint un des quatre présidens du parlement de Paris, qui crut voir renaître en lui les vertus qu'il avoit admirées dans son père. C'est de là qu'il passa en 1545 à la dignité de chancelier. Des trois magistrats qui l'avoient occupée avant lui, sous le règne de François Ier., le cardinal Duprat, Anne Dubourg et Guillaume Poyet, le premier et le dernier avoient laissé une réputation très-équivoque. On reprochoit à Duprat une ambition démesurée, une cupidité excessive, beaucoup d'arbitraire dans l'exercice du pouvoir. Il étoit d'ailleurs l'auteur du concordat long-temps si odieux à la France. La triste issue de la magistrature de Poyet est connue de tout le monde. Foible et sans appui à la cour, il crut s'y affermir en favorisant les intrigues et les passions des gens puissans. Il finit par en être la victime. On le mit en jugement sous des prétextes assez légers, et il fut dégradé de sa place par un arrêt solennel. François Ier. montra beaucoup d'humeur de ce qu'on ne l'avoit pas traité avec plus de sévérité. Olivier qui avoit été son disciple au barreau, fut choisi pour être son successeur.

Ses provisions furent les premières qu'on rédigea en langue française ; celles de ses prédécesseurs l'avoient toujours été en latin. Olivier étoit certainement le ministre qui convenoit le mieux dans les circonstances à François Ier., dégoûté des expéditions militaires, et porté à s'occuper exclusivement de l'administration de ses états et du bonheur de ses sujets. Toutes les vertus parurent avec lui à la cour. L'Hôpital très en état de les apprécier, et qui d'ailleurs en avoit éprouvé plus d'une fois les salutaires effets, loue, en plusieurs endroits de ses épîtres, sa sagesse dans l'exercice de ses fonctions, la modération qu'il montra dans la grandeur, l'affabilité avec laquelle il recevoit tous ceux qui recouroient à lui (1). « La France, lui dit-il, n'a pas eu » encore de chef de la justice qui vous ait égalé en » intégrité, en fermeté, en amour du bien public. Sous » votre égide, les lois déploient toute leur vigueur ; les » bonnes mœurs reprennent leur empire. La vertu trouve » sa récompense, le vice son châtiment. Nous goûtons » sous votre administration des jours heureux et paisi- » bles (2) ».

Il lui rappelle ailleurs l'impression que sa seule présence faisoit sur le roi, et les sages conseils qu'il donnoit à ce prince (3).

Olivier fut plutôt un bon administrateur qu'un grand législateur. Sous ce dernier rapport, il est très-inférieur à l'Hôpital ; il est vrai aussi que les temps paisibles où il vécut étoient moins propres au développement des talens législatifs que l'époque orageuse où l'Hôpital parvint au timon de l'Etat. Il est moins dangereux et plus facile

---

(1) *Epist.*, *lib. I*, *p.* 5.

(2) *Ibid.*, *pag.* 9.

(3) Ci-dessus, pag. 63.

de donner une direction nouvelle aux élémens de l'ordre social, quand ils sont dérangés ou déplacés, que quand ils se trouvent dans un état de calme et de repos. On doit moins chercher alors à en troubler le cours qu'à le rendre plus régulier; c'est le talent d'un bon administrateur; il vaut peut-être celui du plus habile législateur.

L'ordre qu'il établit se change insensiblement en habitude, et l'on se soumet avec d'autant plus de docilité aux règles qui en résultent, qu'elles se sont introduites sans effort, et qu'on en sent de suite l'avantage et l'utilité. Les lois les plus sages au contraire, et auxquelles on n'est pas préparé, ne se consolident qu'avec le temps. Celles de l'Hôpital n'ont été pleinement exécutées que près d'un siècle après lui.

Les ordonnances publiées sous le ministère d'Olivier méritent donc plutôt le nom de règlemens que celui de lois. Elles lui furent inspirées par l'amour éclairé de l'ordre et de la justice et un zèle louable pour le maintien des bonnes mœurs. On le voit s'occuper avec la plus tendre sollicitude du soin des pauvres et de l'administration des hôpitaux, qui étoient dans le plus grand désordre. Les revenus en étoient dilapidés et les indigens étoient frustrés des secours que leur misère sollicitoit. Olivier les leur restitua.

Il porta ensuite la plus sérieuse attention sur la police intérieure de l'Etat. Il fit défendre le port des armes dont on faisoit souvent un usage funeste. Il tenta de réprimer le luxe fatal aux mœurs autant qu'à la richesse nationale, puisque les objets qui le nourrissoient se tiroient de l'étranger. L'indiscipline des troupes les rendoient aussi redoutables pour les citoyens que pour les ennemis. Ce fut un des grands fléaux de ce siècle, à en juger par tous les règlemens qu'on fut obligé de faire pour le réprimer. Olivier mit une grande fermeté dans l'exécution de ceux qu'il publia à ce sujet. Le mal suspendu pour un temps reparut avec plus de force, au milieu des troubles qui suivirent de si près son ministère.

Parmi les lois dont la France fut redevable à Olivier, il y en a deux qui méritent une attention particulière. La première est celle par laquelle il fit supprimer toutes les charges de judicature, que les besoins de l'Etat avoient fait créer sous François Ier.; il les réduisit au nombre où elles étoient sous Louis XII, et en abolit la vénalité. C'étoit le vœu général de la France. Nous avons vu ailleurs que c'étoit à cette funeste innovation que l'Hôpital attribuoit la dégradation de la magistrature, où elle avoit introduit tout à coup des hommes d'une réputation équivoque et des jeunes gens sans savoir et sans expérience. Tous les hommes de son siècle recommandables par leurs vertus et par leurs lumières, s'élevèrent comme lui contre la vénalité des charges, quoique moins odieuse de leur temps, que, lorsque sous Henri IV, moyennant un droit qu'on appela la *paulette*, du nom de son auteur, on ajouta l'hérédité à la vénalité. La mort du titulaire faisoit perdre auparavant la charge et la finance. Par l'établissement de la paulette, une portion sacrée de l'autorité publique devint une propriété privée, et le droit de rendre la justice, premier attribut de la puissance souveraine, le patrimoine des familles. Montesquieu a fait, dans le siècle dernier, l'apologie de la vénalité. Il s'appuie sur ce que les enfans des magistrats assurés de succéder à leur place, n'en ont que plus de zèle à se procurer les qualités nécessaires pour la bien remplir. Mais il ne voyoit pas que si la vénalité n'avoit pas empêché pendant longtemps qu'il n'y eût des magistrats intègres et éclairés, on le devoit à la bonté des mœurs et à cette pudeur publique, qui ne permettoit pas de se charger d'un emploi dont on auroit été notoirement incapable. Il n'en fut plus de même au milieu de la dépravation qui a signalé les derniers temps de la monarchie. La certitude d'avoir une place par succession ou avec de l'argent, faisoit qu'on s'inquiétoit peu du reste. Ce n'étoit plus qu'un arrangement de famille ou une affaire de commerce. D'ailleurs la vénalité et l'hérédité des charges produisent l'indépendance nécessaire jusqu'à un certain point, mais qui, quand elle est excessive, amène l'insubordination et le bouleversement universel.

L'autre loi d'Olivier qui nous paroît digne de remarque, est celle de novembre 1549, qui défend de bâtir dans les faubourgs de Paris. C'est, suivant le président Hénault, le premier règlement de cette espèce qui ait été publié.

Les guerres ayant fait augmenter les tailles, une infinité de gens quittoient les provinces pour venir à Paris participer aux exemptions dont cette ville jouissoit. Les maisons des faubourgs étoient le rendez-vous des ouvriers qui abandonnoient les ateliers de leurs maîtres, ou des hommes de mauvaises mœurs, qui venoient s'y livrer sans retenue à leurs penchans déréglés.

Louis XIV, dans des lettres patentes de 1672, où il renouvelle les mêmes défenses déjà faites plusieurs fois de trop étendre les limites de Paris accru alors de plus moitié, dit : « Qu'il étoit à craindre que la ville de » Paris, parvenue à cette excessive grandeur, n'eût le » sort des plus puissantes villes de l'antiquité, qui avoient » trouvé en elles-mêmes le principe de leur ruine, étant » très-difficile que l'ordre et la police se distribuent » commodément dans toutes les parties d'un si grand » corps (1) ».

Mais l'expérience a bien prouvé qu'on pouvoit établir dans Paris la police la plus parfaite, et il étoit peut-être plus aisé de réussir à cet égard parmi un grand nombre d'hommes rassemblés dans un espace très-resserré, que s'ils avoient été disséminés sur une plus vaste étendue. Cette perfection même de la police a fait naître des inconvéniens auxquels nos anciens législasteurs n'avoient pas pensé. Ils sont très-bien exposés dans un passage des œuvres de l'Abbé Gédoin, que d'Alembert a inséré dans son éloge, et que nous allons rapporter ici. « Il ne faut, dit-il, que comparer l'état » présent de la ville de Paris, avec ce qu'elle étoit » au commencement du règne de Louis XIII, pour » comprendre qu'il devoit y avoir alors plus de gens » appliqués aux lettres qu'il n'y en a de nos jours. » Paris alors mal policé, bâti à l'antique, moins grand » et moins peuplé de moitié qu'il n'est aujourd'hui, » n'avoit rien de fort séduisant. Les rues mal percées, » sales à l'excès et jamais éclairées ; nulle sûreté la nuit ;

(1) Hénault, Abrég. chron., ann. 1549.

» le

» le jour, pour tout spectacle, quelques mauvaises comé-
» dies, courues du peuple, et méprisées des honnêtes
» gens ; les tables frugales comme elles l'étoient et sans
» délicatesse, attiroient peu de convives, outre que
» chaque particulier n'ayant qu'une fortune très-bornée,
» étoit obligé de mettre sa richesse dans son économie.
» De carrosses, il y en avoit fort peu : l'invention en
» étoit trop récente ; on alloit à pied avec des galoches
» ou avec des bottines, qu'on laissoit dans l'anti-chambre,
» quand on rendoit quelque visite. J'ai vu moi enfant,
» un reste de cet ancien usage. L'homme de robe alloit
» au palais, monté sur une mule, et en revenoit de
» même. Rentré chez lui, il n'étoit guère tenté de
» sortir pour aller se crotter. Il se renfermoit dans son
» cabinet, où ses livres faisoient toute sa compagnie.
» Il avoit fait de bonnes études au collége, parce qu'il
» y avoit été mis dans un âge plus mûr et plus raison-
» nable ; il y avoit pris du goût pour les belles-lettres ;
» ce goût, il le cultivoit dans toute la suite de sa vie,
» soit pour le plaisir qu'il y prenoit, soit pour faire,
» comme on dit, de nécessité vertu. C'est à cette
» ancienne sévérité de mœurs, que nous avons été
» redevables d'un chancelier de l'Hôpital, d'un prési-
» dent de Thou, d'un Brisson, d'un Morvilliers, d'un
» Pasquier, d'un Loisel, de ces deux illustres frères
» Pithou, et d'une infinité d'autres savans personnages ;
» car il ne faut que lire les poésies du chancelier de
» l'Hôpital, pour voir que le parlement étoit alors plein
» de magistrats fort versés dans les lettres. Ce temps
» n'est plus, et la raison en est que, présentement à
» Paris, la dissipation est extrême. A peine un jeune

» homme a-t-il atteint l'âge de dix-huit à vingt ans qu'on le » met en charge, et qu'on lui donne un équipage. Avec » cette facilité d'aller et de venir, comment peut-on » penser qu'il résiste à l'envie de courir?..... Il n'est » pas imaginable, ajoute l'abbé Gédoin, à quel point » la musique seule, dont le goût est si fort répandu; » et ce spectacle enchanteur, que nous appelons du » nom d'*Opéra*, ont tourné l'esprit de la nation au » frivole, et lui ont ôté entièrement le goût du sérieux » et de tout ce qui est solidement bon ». Il termine en disant avec Sénèque : *Les facultés de notre esprit ne sont plus employées qu'à des études funestes, et les arts voluptueux de la musique et de la danse ont énervé nos âmes.*

Ce passage de Sénèque prouve que toutes le grandes villes se ressemblent, et que les mêmes causes produisent constamment les mêmes effets. Là où sont réunies toutes les commodités de la vie, et où on les a en quelque sorte sous la main, on voit accourir les riches qui ne cherchent qu'à jouir, et les hommes corrompus qui espèrent, en se cachant dans la foule, de satisfaire sans honte des désirs, auxquels ils n'oseroient s'abandonner s'ils étoient plus à découvert. La communication journalière de tant d'hommes entre eux doit nécessairement leur donner des manières plus agréables; mais sous des dehors trompeurs d'une politesse perfide, ils cachent souvent la perversité la plus profonde. A côté de ceux qui veulent jouir, on voit s'établir ceux qui leur en fournissent le moyen. Tous les vices doivent naître de ce commerce de la licence et de la cupidité. Les plaisirs deviennent les premiers des besoins. La contagion passe rapidement des classes les plus relevées jusques dans les derniers rangs de la société. L'égoïsme universel en est la suite. Chacun ne consulte que son propre intérêt; principes, opinions, tout change avec lui. La vertu n'est plus qu'un vain nom. Les maux publics ou privés ne touchent plus que ceux qui en ressentent les effets. Si l'on éprouve encore quelque sensibilité, elle est toute pour ceux qui contribuent à notre amusement; et un accident de théâtre cause une impression bien plus vive que les désastres qui détruisent des villes industrieuses ou désolent des pays entiers.

Mais revenons à notre sujet. Le chancelier Olivier n'eut occasion de se montrer avec quelque éclat pendant le cours de son ministère, qu'en un lit de justice tenu par Henri II le 2 de juillet 1549. Il y prononça un discours qui fut très-applaudi dans le temps, et qu'on inséra dans les registres du parlement (1).

Après avoir rappelé tout ce que le roi avoit fait depuis son avénement au trône, le chancelier entre dans un très-grand détail sur les anciennes prérogatives du parlement et sur les révolutions qu'elles avoient éprouvées. C'est l'histoire en quelque sorte du droit public de la France, science presque ignorée alors et sur laquelle il n'existoit encore aucun ouvrage de quelque considération. Il étoit par conséquent essentiel de le faire connoître à ceux qui étoient destinés à en être les conservateurs et les gardiens. C'est une attention qui n'échappa jamais à l'Hôpital, toutes les fois qu'il fut dans le cas de parler sur des affaires publiques.

---

(1) On le trouve aussi dans un recueil des Mémoires imprimés chez Pierre Chevalier, à Paris, en 1623.

On voit dans le discours d'Olivier, « quelle étoit au-
» trefois l'ancienne autorité et intégrité du parlement
» et la cour des pairs de France, où le roi et les grands
» princes de son royaume assistoient souvent et fai-
» soient délibérer la plupart des matières d'importance
» jusqu'à ce que le roi Jean, voyant que les matières
» d'état ne s'y traitoient en secret comme elles méri-
» toient, et d'ailleurs que la plupart des affaires de la
» justice et des procès des sujets tomboient à la charge
» du parlement, vint à limiter la connoissance et ju-
» ridiction du parlement ».

Olivier fait aussi mention de la grande estime où étoit le parlement de France dans toute l'Europe, dont on vit quelquefois les souverains se soumettre volontairement à son jugement.

Il n'oublie pas l'austérité ancienne de cette cour et la discipline rigoureuse qu'on y suivoit. « Du temps
» du roi Louis Hutin, de nulle cause pendante au par-
» lement, les conseillers ne recevoient avertissement
» ni paroles privées en leur maison, ni ailleurs, qui
» leur en voulût parler, mais seulement au parlement,
» les parties présentes plaidantes et montrant leurs
» droits; et n'eussent osé boire ni manger en la com-
» pagnie des procureurs, ni avocats des parties. Si
» l'enquête faite par un commissaire de la cour étoit
» mise au néant par sa faute, il étoit tenu de rendre
» les deniers qu'il avoit reçus pour faire ses dépens ».

Il rappelle ensuite les devoirs du roi et du parlement dans l'administration de la justice. « La répu-
» blique, comme dit Platon, est heureuse, en laquelle
» le prince est obéi d'un chacun, et lui obéit à la loi,
» et la loi est droite, et regardant au bien public : on

» ne sauroit décrire plus court un royaume florissant...;
» mais combien que le prince juste et prudent soit
» comme une loi divine et parlante, et qu'il serve
» plus pour le bien et administration de la justice, que
» toutes les lois et ordonnances écrites, qui sont sourdes
» et muettes; si est-ce que, si les ministres de la justice
» sous lui sont mal choisis, et autres qu'ils ne doivent,
» on ne doit rien espérer qui vaille, en une république,
» quelques bonnes lois qu'il y ait; et partant est be-
» soin de les choisir avec grand jugement; autrement
» les fautes qu'ils commettent sont imputées aux princes
» qui les ont promus : le savoir, la prudence et l'inté-
» grité les doit recommander et non autre chose. Il est
» raisonnable de préférer les vieux aux jeunes, d'autant
» que les anciens, pour avoir l'usage des choses, sont
» communément plus sages, et ont leurs passions plus
» modérées, et la vieillesse leur rend envers le peuple
» quelque autorité plus qu'aux jeunes. Ceux qui sont
» avares et ceux qui n'ont rien du tout, n'y sont pas
» propres, non plus que aux offices, et autres états,
» dont la charge est périlleuse.... ».

S'adressant ensuite aux magistrats, il leur dit : « C'est
» à vous à suivre la bonne intention du roi, faisant
» justice à ses sujets, sans acception de personne, sans
» haine, sans vengeance, sans faveur, sans corrup-
» tion; de façon que vos jugemens d'eux-mêmes, pré-
» sentent une manifeste sainteté et équité, et vous soyez
» toujours prêt d'en rendre une bonne raison au roi,
» quand le cas le méritera.

» Ès causes criminelles, souvenez-vous que la répu-
» blique est un corps, et qu'on ne doit point couper
» un membre, si le corps peut être autrement guéri.

» Souvenez-vous aussi d'autre part de l'ancien proverbe
» qui dit : *qui pardonne aux mauvais, perd les bons.*
» Les pauvres et ceux qui n'ont point d'appui doivent
» être soulagés par l'humanité des juges. Prenez garde
» que les lois et ordonnances du roi ne soient comme
» tissus d'araignées, où il n'y a que les mouches qui
» y soient prises.... La sévérité des lois doit être principalement exercée contre les juges, s'ils sont malversans, soit de votre corps, soit d'ailleurs. Les impostures, prévarications, tergiversations et autres fraudes des procureurs sont dignes de grande punition et ne doivent être dissimulées : que votre justice soit si briève, que le travail et la dépense des parties ne montent point plus que la cause; gardez que d'un arrêt ne naissent plus de procès qu'auparavant, et que, au lieu d'en sortir, les parties ne se trouvent point en plus grand travail et dépense qu'auparavant; ce qui est advenu souvent, et dont plusieurs bonnes maisons ont été ruinées ».

On voit par ces fragmens du discours d'Olivier que son langage étoit aussi pur qu'il pouvoit l'être de son temps. Il est simple et clair, et son genre d'éloquence, qui ressemble beaucoup à celui de l'Hôpital, convenoit parfaitement à la dignité de ses fonctions; il n'y a ni cette pédanterie, ni ce faux bel esprit, qui sont les principaux caractères des orateurs de ce siècle. On peut en juger par le discours du premier président Liset, prononcé dans le même lit de justice.

Il observe d'abord que, lorsque le roi tient son lit de justice, il prend deux choses, son vêtement royal et son diadème; il fait voir que ce sont-là des emblèmes visibles de la justice et du jugement sain et droiturier du roi. « Et cela, ajoute-t-il, est clairement prouvé par » le canon divin de la Sainte-Ecriture, qui ne peut » faillir en vérité; car le hagiographe et patriarche » Job dit que lui, assis en son siége pour faire justice, se » vêtoit d'icelle, comme de son vrai vêtement et de » son jugement se ornoit et décoroit comme de son » vrai diadème qui est la couronne royale....

» Ces vêtemens et diadème de votre majesté, Sire, » tenant son siége royal, sont si excellens en beauté, » lumière et splendeur, que le prince des philosophes, » Aristote, dit au quatrième des Étiques, que Hes- » perus et Lucifer, admirables étoiles en fulgueur et » en candeur, ne sont aucunement à comparer à la lu- » mière et clarté de la justice royale ». Le reste est à l'avenant.

La disgrâce d'Olivier suivit de près le lit de justice de 1549. Il étoit le seul des ministres de François Ier. que Henri II, son fils, eût conservé. Sa vertu pure et austère, qui ne pensoit à autre chose qu'à ce qui concernoit la dignité du royaume et l'utilité publique, ne tarda pas à devenir incommode aux courtisans en crédit qui ne s'occupoient que de leur avantage particulier, et surtout à la duchesse de Valentinois, favorite impérieuse, qui vouloit que tout pliât au gré de ses passions. On ne vit bientôt plus en lui, suivant les expressions de l'Hôpital, qu'un ministre dur, triste, inflexible, et assez maladroit pour vouloir contenir les hommes puissans dans les limites de la justice (1). On chercha un prétexte pour se débarrasser d'un censeur aussi incommode.

---

(1) Ci-dessus, pag. 64.

On le trouva dans une incommodité qu'il avoit sur les yeux, et qu'on supposa ne plus lui permettre la continuation de ses fonctions. Il fut traité néanmoins avec beaucoup d'égards. En le déchargeant par des lettres patentes du mois de janvier 1550 de l'exercice de la charge de chancelier, on lui en conserva le titre, les émolumens et les prérogatives pendant sa vie.

On créa en titre d'office une charge de garde des sceaux, qui n'avoit été jusqu'alors qu'une simple commission, et on la donna à Jean Bertrand, président au parlement de Paris. Il devoit être chancelier à la mort d'Olivier. Bertrand n'étoit, suivant de Thou, qu'un instrument passif entre les mains de Gilles le Maître, avocat général, et qui, jouissant d'un grand crédit auprès de la duchesse de Valentinois, poussoit Bertrand aux premières places, pour le remplacer ensuite à son tour.

Condorcet, dans son éloge de l'Hôpital, avoit fait de Jean Bertrand un portrait peu flatteur, et où il renchérissoit encore sur les traits, dont le dépeint le président de Thou. M. Bertrand de Molleville, qui se prétend de la famille de ce garde des sceaux, chercha à le justifier, dans une lettre imprimée qu'il adressa à Condorcet. Il l'excuse d'avoir pris la place d'Olivier, sur ce que celui-ci avoit demandé sa retraite, à cause de ses infirmités; mais ce n'étoit-là qu'un prétexte, comme nous l'avons déjà dit. L'Hôpital, dont le témoignage doit être ici d'un grand poids, dit positivement en plusieurs endroits, qu'Olivier fut obligé de céder à l'envie des courtisans et aux intrigues d'une femme capricieuse (1).

---

(1) *Epistol.*, *lib. III*, *p.* 133 *et seq.*; *lib. VI*, *p.* 297.

Il ne fut cependant pas entièrement exclus de l'administration de l'Etat. Il paroît qu'on l'appeloit dans les délibérations importantes, où il montroit constamment cette droiture et ce zèle pour le bien public dont il ne se départit jamais. On le trouve même parmi les membres du conseil que Henri II établit en 1551, lors d'un voyage qu'il fit vers les frontières d'Allemagne.

Olivier avoit choisi pour sa retraite sa terre de Leuville, près de Montlhéri, qui devint l'asile du savoir et de la vertu. Il y réunissoit fréquemment les personnes que la ressemblance des goûts et des mœurs avoit liées avec lui d'une manière plus étroite. L'Hôpital ne regrettoit rien tant en Italie que la société de Leuville (1). Elle ne devoit pas être sans agrément. Olivier avoit de l'esprit et étoit même un homme à bons mots. Montaigne nous en a conservé un sur le caractère des Français, qu'il comparoit *aux guenons qui vont grimpant contre mont un arbre de branche en branche, et ne cessent d'aller jusqu'à ce qu'elles soient arrivées à la plus haute branche, pour y montrer le cul, quand elles y sont* (2).

D'autres attribuent ce mot, mais sans fondement, à l'Hôpital, qui l'appliquoit, disent-ils, à ceux qui, par leurs intrigues ou par un caprice de la fortune, étoient arrivés à un rang qu'ils ne méritoient point (3). La comparaison auroit été peut-être plus juste en ce cas.

Nous avons rapporté ci-dessus le tableau que l'Hôpital

(1) *Epistolar.*, *lib. I*, *p.* 18.
(2) Essai, liv. II, ch. 17.
(3) Baile, diction. v°. l'Hôpital, not. lett. O.

fait de la vie qu'Olivier menoit à Leuville (1). Il s'y occupoit de l'étude et de la culture de ses champs. Sa fortune étoit médiocre, et il la devoit en entier à son économie (2).

Nous avons vu aussi que c'étoit à Olivier que l'Hôpital avoit recours pour trouver les consolations dont il avoit si souvent besoin, au milieu des dégoûts qu'il éprouvoit, dans les emplois dont il étoit chargé. Ces consolations lui furent surtout nécessaires lors de l'affaire des semestres, où il donna tant de prise à ses ennemis contre lui.

La réponse que lui fit Olivier et que nous avons également rapportée plus haut, est une grande preuve de sa modération et de sa prudence consommée (3). Comme il désapprouvoit le parti qu'avoit pris son ami, il ne le lui dit point ouvertement pour ne pas l'affliger davantage; il se contente seulement de lui montrer son opinion, en gardant le plus profond silence sur l'objet principal de sa lettre. Il lui donne cependant des éloges mérités sur la beauté de ses vers et les excellentes qualités de son cœur et de son esprit, mais il y ajoute un avis qui est encore comme une censure indirecte, de cette roideur inflexible que l'Hôpital mettoit dans ses procédés. « Il y a, lui dit-il, dans tous les emplois une certaine prudence et une espèce de dextérité dont un » sage même ne doit pas négliger de faire usage, quand » elles n'ont rien de contraire à sa conscience ».

(1) Ci-dessus, pag. 66.

(2) L'auteur de l'Oraison funèbre d'Olivier dit qu'il vivoit dans sa retraite avec ses livres et ses amis, et qu'il lisoit particulièrement les Œuvres de Philon.

(3) Ci-dessus, p. 76.

Olivier parloit dans cette même lettre d'une manière qui paroît assez sincère, des douceurs dont il jouissoit à Leuville, et de la résolution où il étoit de ne les changer jamais pour la vie tumultueuse de la cour. Malheureusement il avoit oublié cet engagement six ans après, lorsqu'il fut rappelé aux fonctions de sa charge, sous le règne si court et si orageux de François II. Il se trouva à la cour dans le moment critique de la découverte de la conjuration d'Amboise. Il vit bientôt que les princes Lorrains vouloient en profiter, pour détruire ceux dont le crédit leur faisoit ombrage, et se servir de sa réputation, pour autoriser les injustices, dont on le forçoit d'être le ministre. Cette situation lui devint si pénible, qu'accablé plutôt par le chagrin que par l'âge, il tomba dans une maladie mortelle. On prétend que le cardinal de Lorraine étant venu le voir dans ces circonstances, il détourna ses regards en lui faisant de vifs reproches sur la violence qu'il avoit éprouvée de sa part, et expira au milieu des regrets et des gémissemens. C'étoit, ajoute le président de Thou, un homme très-digne d'un si haut rang, s'il fut né dans un meilleur temps, ou s'il avoit rencontré parmi ceux qui dominoient la volonté du roi, des hommes plus équitables et plus dociles à ses conseils (1). Il étoit né à Paris en 1497, et il mourut à Amboise où la cour se trouvoit le 29 mars 1560. Son corps fut transféré à Paris, où il fut inhumé dans l'église de Saint-Germain-l'Auxerrois le 29 avril suivant.

---

(1) *Thuan., lib. XXV, ann.* 1560.

NOTE V.

Des anciens Spectacles.

Outre l'épître à Dubellay, dont nous avons donné l'analise, il y en a une autre sur ses poésies, qui fut écrite chemin faisant pendant un voyage que l'Hôpital fit à Loudun avec Paul Emile et Macrin.

L'Hôpital entretint toujours sa correspondance avec Dubellay. Il tenta vainement à plusieurs reprises de l'engager à quitter Rome, et à retourner en France. Ce prélat ne put jamais se résoudre à venir paroître en simple particulier dans un pays où il avoit joué auparavant un si grand rôle. Dans une épître où l'Hôpital tâche de vaincre sa répugnance, il lui peint tous les délices de sa retraite de Saint-Maur, le désir des habitans de l'y revoir et les fêtes qu'ils avoient préparées pour le recevoir, sur le bruit qui avoit couru qu'il alloit revenir. Ils avoient mis leur *diablerie* sur pied. On appeloit ainsi les mascarades qui jouoient les mystères, ou des farces ou momeries pour le divertissement du peuple. Il y en avoit presque dans tous les pays, comme on le voit par *Rabelais* (1). Il paroît par la description que l'Hôpital fait de celle de Saint-Maur, qu'elle n'étoit pas des moins brillantes. « L'acteur principal étoit Lucifer, » ayant des cornes sur la tête, le visage barbouillé avec » du charbon et une queue d'une longueur immense. » Toutes les fois qu'il faisoit entendre ses affreux hurle- » mens du fond de l'enfer, la forêt en retentissoit, le

---

(1) Liv. IV, chap. 13.

» cours de la Marne étoit suspendu, une sueur froide » gagnoit les spectateurs, tellement on craignoit qu'il » ne rompît ses chaînes et qu'il ne sortît des noirs » abîmes, suivi de toute la famille de Pluton (1) ». L'Hôpital prétend n'avoir jamais rien vu de si comique.

NOTE VI.

Sur l'usage de porter la barbe chez les Français.

Chez les Francs, la longue chevelure et la barbe étoient des marques de distinction. Louis VII, et, suivant d'autres, Philippe Auguste, fut le premier à se faire raser le visage. François Ier. reprit la barbe. Les ecclésiastiques et les magistrats, qui tiennent plus par état aux anciennes habitudes, furent long-temps à adopter cette mode. En 1536, François Olivier, depuis chancelier, ne put avoir entrée au parlement en qualité de maître des requêtes, qu'en faisant couper sa longue barbe (2).

Le clergé fut encore plus intolérant sur ce point que la magistrature. Guillaume Duprat, évêque de Clermont, et neveu du chancelier de ce nom, portoit une des plus belles barbes de ce temps; s'étant présenté le jour de Pâques à sa cathédrale pour faire l'office, il trouva les portes du chœur fermées, et trois chanoines revêtus de leurs surplis, qui l'attendoient à la porte. Un d'eux tenoit en main des ciseaux et un rasoir, qu'il

---

(1) *Epistolar.*, *lib. II*, *p.* 108, 109.

(2) Essais sur Paris, tom. II, pag. 209 et suiv.

élevoit fort haut pour qu'on les vît. Un autre montroit l'endroit des statuts du chapitre, où il étoit dit qu'on ne pouvoit entrer au chœur avec la barbe. L'évêque fut si troublé de cet accueil, qu'il s'enfuit à toutes jambes. Il aima mieux abandonner son évêché que sa barbe, et il mourut peu de temps après de chagrin (1).

On voit, par ce que dit l'Hôpital, qu'il n'avoit pas laissé croître la sienne, avant son voyage de Bologne. Il s'y détermina dans l'espoir de ne plus rentrer au parlement, ou que la prévention contre les grandes barbes y seroit affoiblie. Il la porta très-longue depuis. « C'étoit un autre censeur Caton, dit Brantôme, et qui » savoit très-bien censurer et corriger le monde cor- » rompu. Il en avoit du tout l'apparence, avec sa grande » barbe blanche, son visage pâle, sa façon grave, qu'on » eût dit à le voir que c'étoit un vrai portrait de saint » Hiérosme; aussi plusieurs le disoient à la cour ».

D'autres lui trouvoient de la ressemblance avec Aristote. Il en parle dans ses poésies (2).

NOTE VII.

Pierre Mondoré, parisien, conseiller au grand conseil, étoit entré avec répugnance dans la magistrature. Il n'en fut pas moins un juge intègre et éclairé. Ses deux passions dominantes et qui se rencontrent rarement ensemble furent la poésie et les mathématiques. On a de lui un commentaire sur le dix-huitième livre d'Euclides, où on prétend qu'il a éclairci plusieurs endroits,

(1) Voyez la Télécomomanie de l'abbé Faydit, pag. 381.

(2) *Carmin.*, *Miscellan.*, *pag.* 425.

qui avoient été jusque-là inintelligibles. Il fut d'ailleurs un zélé partisan de la philosophie d'Aristote, et il en prit vivement la défense contre ceux qui, dans ce siècle, tentèrent d'en ébranler l'empire. Quoique ennemi des innovations philosophiques, il se montra partisan de celles en matière de religion. Le penchant qu'il montra pour le protestantisme lui attira du désagrément. Il fut obligé de quitter Paris et de se retirer à Orléans, et de là à Sancerre, où il mourut un an avant la Saint-Barthélemy. L'Hôpital qui, supérieur à tout esprit de parti, ne voyoit dans ses amis que leurs talens et les vertus, faisoit beaucoup de cas de ceux de Mondoré. Il aimoit particulièrement ses vers, et il étoit fort fâché, comme l'indique l'épître que nous avons traduite, qu'il eût cessé d'en faire, pour s'adonner entièrement aux mathématiques.

La mort de Mondoré fut un grand chagrin pour lui. Il voyoit disparoître successivement tous ses anciens amis; c'étoit un vide pour son cœur que rien ne pouvoit remplir. Il fit à Mondoré une épitaphe, qui montre tout l'attachement qu'il lui portoit et l'estime qu'il faisoit de lui.

On a prétendu sur la foi du *Thuana*, qu'il y avoit dans cette épitaphe un vers, où l'Hôpital disoit que Mondoré *avoit été exilé à cause de son attachement pour la vraie religion.*

Exul ob assertum veræ pietatis honorem.

On ajoute que Pybrac le retrancha dans l'édition de ses poésies, de peur qu'on n'en prît prétexte pour suspecter les sentimens de l'Hôpital. Mais outre que le témoignage tiré d'un *Ana* n'est jamais d'une grande considération, l'éditeur de Hollande, qui dit avoir eu en main le manuscrit original des poésies de l'Hôpital, n'auroit-il pas rétabli ce vers, s'il y avoit existé? L'épitaphe de Mondoré est rapportée dans son édition telle qu'on la trouve dans les autres (1).

NOTE VIII.

Arnoul Ferrier, natif de Toulouse, étoit un des plus célèbres jurisconsultes du seizième siècle. Il avoit été étudier le droit à Padoue en Italie, dans le même temps que l'Hôpital, et ce fut là que se formèrent leurs premières liaisons. Elles ne finirent qu'avec leur vie. Arnoul Ferrier professa ensuite le droit à Toulouse, où il eut pour disciple le célèbre Cujas. On le vit ensuite conseiller au parlement de cette ville, puis président aux enquêtes de celui de Paris, et enfin maître des requêtes. Le roi le choisit pour son ambassadeur au concile de Trente, lors de son rétablissement en 1561. Il y soutint avec beaucoup de fermeté les droits de la France. En sortant du concile, il fut ambassadeur à Venise, où, n'étant pas payé de son traitement, il consomma toute sa fortune pour se soutenir. Il se déroboit quelquefois de ses fonctions, pour aller faire des leçons de droit à Padoue. On le rappela de son ambassade, et c'est à cette occasion que l'Hôpital lui adressa l'épître que nous avons traduite. L'état de désordre où il trouva la France à son arrivée, fut cause qu'il ne put rien obtenir de la cour,

(1) *Carmin, p.* 385.

pas même la restitution de ce qu'il avoit été obligé de dépenser pour la chose publique. Il se retira auprès de Henri IV, alors roi de Navarre, qui le fit son chancelier. Il mourut en 1583, âgé de 79 ans.

NOTE IX.

Jacques Dufaur étoit d'une famille illustre de robe, du Languedoc. Plusieurs de ses membres ont occupé les premières places de la magistrature, tant dans ce pays qu'à Paris et ailleurs. Il étoit du même âge que l'Hôpital, et leur liaison se forma, sans doute, lorsque ce dernier étudioit en droit à Toulouse. Les regrets que sa mort causa à l'Hôpital, et qu'il exprime d'une manière si touchante, prouvent la vivacité de l'amitié qui régnoit entre eux. Dufaur avoit embrassé l'état ecclésiastique. Il fut abbé de la Chaise-Dieu, prieur de Saint-Ouen; président aux enquêtes du parlement de Paris, en 1545; maître des requêtes et conseiller d'état, en 1563. Il étoit oncle de Guy Dufaur de Pibrac, qui a joui de quelque célébrité à cause des quatrains moraux, dont il est l'auteur. C'est ce même Pibrac qui fut le dépositaire des papiers de l'Hôpital, et qui présida à la première édition de ses poésies. Sa fille Olympie Dufaur épousa Michel Hurault de l'Hôpital, celui de ses petits-fils que l'Hôpital chérissoit davantage.

Pierre Dufaur, neveu de Jacques, avec qui l'Hôpital avoit également des liaisons, composa plusieurs ouvrages sur le droit, qui ont été en estime tant que cette science a joui de quelque considération en France.

NOTE X.

Cujas est celui des jurisconsultes modernes qui a pénétré plus avant dans la science du droit romain, et qui a le plus contribué à en faciliter l'intelligence. Cette science avoit été portée au plus haut degré de perfection, par les travaux d'un grand nombre de jurisconsultes habiles qui parurent pendant les deux ou trois premiers siècles de l'ère chrétienne. On n'a jamais mieux connu, ni développé avec plus de sagacité, les divers rapports qui existent entre les hommes réunis en société. Les ouvrages de ces jurisconsultes, quoique mutilés par Justinien, n'en ont pas moins été la source de la civilisation de l'Europe moderne. L'invasion des Barbares y éteignit presque en entier les principes de la morale publique que la jurisprudence enseigne. Les maximes de cette science et les formes dont elle les accompagne, n'étoient, pour des peuples à demi sauvages, que des inventions incommodes qui gênoient leurs penchans brutaux et féroces. Ils trouvoient plus court de se faire justice par la force.

Il est probable que toutes les idées conservatrices de l'ordre social auroient disparu alors en Europe, si des circonstances particulières ne l'avoient preservé de cette calamité.

L'étude du droit romain se maintint dans certaines parties de l'Italie, telle par exemple que l'exarchat de Ravenne, qui, après avoir resté quelque temps sous la domination des peuples du Nord, étoient retournées sous celle des empereurs d'Orient.

D'un autre côté, les ecclésiastiques gardèrent pour leur usage particulier la pratique des lois romaines; ils l'introduisirent dans leur juridiction, et, comme ce fut dans le onzième siècle que cette juridiction prit ses plus grands accroissemens, ce fut aussi à cette époque qu'on vit reparoître les livres du droit romain, oubliés long-temps dans les bibliothèques.

On reçut avec avidité des maximes qui sembloient très-propres à produire, dans l'organisation sociale, une amélioration dont on sentoit le besoin, et dont les moyens étoient jusque-là inconnus. Les hommes, devenus plus éclairés, se plièrent facilement à des règles dont l'observation devenoit le garant de leur bonheur et de leur sécurité.

Les premiers qui tentèrent d'expliquer le droit romain et de l'approprier aux usages modernes, se trouvèrent souvent embarrassés, à défaut de la critique et de l'érudition qui manquoient à leurs siècles, de deviner le véritable sens d'une infinité de passages; mais ils comprirent assez les maximes d'ordre général pour en sentir toute la sagesse, et en tirer des règles utiles à leurs contemporains. Ces anciens jurisconsultes, Accurse, Balde, Bantôle, Jason, etc., noms presque inconnus aujourd'hui, si célèbres autrefois, furent les législateurs de l'Europe. Ils posèrent les bases de sa civilisation; ils lui créèrent une législation nouvelle, appropriée à ses besoins.

Cujas, né dans un siècle sinon plus éclairé, du moins plus instruit, s'attacha plus que ses devanciers au texte du droit romain. Il y fit une infinité de corrections, et, à l'aide d'une vaste érudition, il le rétablit presque dans sa pureté primitive. Son livre, intitulé *des Observations*, est un recueil précieux de remarques, puisées dans les auteurs anciens, et qui ont toutes rapport à la jurisprudence.

Cujas n'étoit pas seulement un savant; c'étoit, ce qui valoit mieux, un homme d'un jugement profond. Il n'est pas rare de trouver des hommes qui, dans toutes les sciences, en approfondissent quelques parties isolées; mais en saisir l'ensemble, remonter jusques aux principes fondamentaux d'où tous les autres dérivent, et, dans de courtes maximes, renfermer le germe des conséquences qui en découlent, c'est ce qui n'a été donné qu'à un petit nombre d'esprits privilégiés, qui se distinguent par là des esprits vulgaires, incapables de les suivre dans un tel essor.

C'étoit là éminemment le talent de Cujas. Dans les sommaires qu'il a faits sur le Digeste, et surtout sur le Code de Justinien, il renferme dans de courts axiomes les principes élémentaires du droit. Il en donne des définitions d'une clarté et d'une précision admirables. François Hottoman, jurisconsulte distingué, rival et ennemi de Cujas, recommandoit à son fils de porter toujours avec lui, dans ses voyages, ses sommaires sur le Code, et de les lire avec application.

Cujas, né pauvre, sans appui, s'étoit en quelque sorte formé lui-même. Il avoit été soutenu par cette ardeur pour l'étude, qui ne manque jamais à ceux que la nature semble avoir distingué par un talent marqué. Il avoit étudié le droit à Toulouse, sa patrie, sous Arnoul Ferrier, cet ami de l'Hôpital, dont nous avons parlé dans une note précédente.

Il commença lui-même à en donner des leçons particulières dans cette même ville, en 1547, n'ayant encore que 27 ans. Etienne Pasquier, qui assista à quelques-unes, dit que *chacun lui trouva dès-lors un esprit fort clair, qui ne promettoit peu de chose de lui pour l'avenir* (1). Cela n'empêcha pas que, sept ans après, on ne lui préférât, pour une chaire de droit, un homme sans talent et peu propre à enseigner. *C'étoit*, dit Gravina, *préférer le singe à l'homme.* Quoiqu'on pût citer d'autres exemples d'une telle méprise, ce n'est point à Paris qu'on les trouveroit à l'époque dont nous parlons. L'Hôpital y veilloit pour le bien public et l'honneur de son pays. Il accueillit Cujas, repoussé à Toulouse, et renonçant à une patrie ingrate. Il l'introduisit auprès de la duchesse de Berri, qui se crut très-heureuse d'avoir un pareil homme à placer à son école de Bourges.

Cette princesse faisoit tant de cas du mérite de Cujas, qu'étant devenue duchesse de Savoie, elle voulut l'attirer à Turin. Cujas ne resta que peu de temps dans cette ville ; l'amour de la patrie le ramena bientôt en France. Des tracasseries que la jalousie de quelques-uns de ses collègues lui avoit suscitées à Bourges, l'obligèrent de se fixer pendant quelques années à Valence en Dauphiné. Sa réputation ayant enfin surmonté les efforts de l'envie, il alloit retourner à Bourges, en 1576, lorsque des troubles élevés dans cette ville l'empêchèrent d'exécuter son dessein. Mais, pour ne pas laisser un si grand talent inutile, le parlement de Paris, d'après l'ordre exprès du roi, rendit un arrêt, le 2 avril 1576, pour l'autoriser à donner des leçons publiques de droit civil dans

(1) Lettr., liv. XIX, lettr. 13.

cette ville, où il n'y avoit point encore de professeur pour cette partie du droit.

Ce qu'il y a de remarquable, c'est qu'environ deux siècles après, et dans des temps bien différens, l'enseignement du droit, absolument abandonné à Paris, y a été rétabli par des leçons particulières que nous y avons données, sinon avec un talent egal à celui de Cujas, du moins avec un zèle d'autant plus pur, qu'il n'étoit excité que par le seul amour du bien public.

Les troubles de Bourges étant appaisés, Cujas y retourna après un séjour d'environ un an à Paris. Il enseigna constamment à Bourges jusques à sa mort, arrivée en 1590, à l'âge de 70 ans.

La jurisprudence étoit dans ce siècle la science par excellence. On la croyoit nécessaire, non-seulement pour occuper une place de magistrature, mais encore un emploi quelconque dans une partie de l'administration publique. On vit se former dans l'école de Cujas, non-seulement des magistrats illustres, mais encore des ministres et des négociateurs du plus grand nom, tels que Jeannin et d'Ossat.

Ses leçons étoient suivies avec le plus grand empressement. On voit, par les Mémoires de de Thou, qu'on y accouroit, non-seulement de Paris, mais encore de toutes les parties de la France et de l'Europe. Les élèves de Cujas rapportèrent chacun dans leur pays les principes qu'ils avoient puisés dans son école, et l'on ne peut douter que ce n'ait été là une des principales causes des progrès sensibles que firent la jurisprudence et la civilisation qui en est la conséquence, dans ce siècle et le suivant. L'époque où cette science a commencé d'être négligée, est celle de la dégénération universelle.

Le nombre des écoliers de Cujas étoit immense. Le Jésuite Maldonat, professeur célèbre de théologie de ce temps-là, ayant passé à Bourges, Cujas fut lui faire visite, à la tête de 800 élèves. Cujas avoit beaucoup d'affection pour eux; il prêtoit de l'argent à ceux qui en avoient besoin, et cette générosité de sa part lui avoit fait perdre plus de 4000 livres.

Il laissa une bibliothèque très-considérable, qui fut dispersée après sa mort. Il y avoit un grand nombre de manuscrits, dont des libraires de Lyon se servirent pour couvrir d'autres livres.

FIN.

TABLE
DES CHAPITRES
ET DES NOTES.

FIN DE LA TABLE.

www.ingramcontent.com/pod-product-compliance
Ingram Content Group UK Ltd.
Pitfield, Milton Keynes, MK11 3LW, UK
UKHW031838260826
14628UKWH00001B/460

9 782012 964921